El duende azul

La aventura que enseñó a los duendes a gobernar el tiempo

Miguel Fernández-Rañada de la Gándara

Título original: *El duende azul*

Primera edición: Enero 2019

www.editorialkolima.com

Autor: Miguel Fernández-Rañada de la Gándara
Dirección editorial: Marta Prieto Asirón
Maquetación de cubierta: Sergio Santos Palmero
Maquetación: Carmen Ruzafa García

ISBN: 978-84-17566-21-0

Dedicado a Blanca, Elena, Miguel e Inés con el deseo de que en su vida se conviertan en duendes azules.

Y a Enrique Quevedo Fort, un gran bibliófilo, mejor persona y gran amigo con el que he compartido muchas conversaciones y paseos por La Herrería.

Nota del autor

El origen de este libro que tiene entre sus manos es una conversación.

Hace algo más de dos años, mi gran amiga y editora Marta Prieto me lanzó un reto: «Miguel, ¿no podrías escribir un libro sobre...?»

Y aunque en ese momento mi respuesta fue «no tengo una historia...», ahora la historia y el libro están en sus manos. Sin este empujón inicial, este libro no hubiera sido posible.

También quería agradecer de todo corazón a Enrique López-Tello su magnífico prólogo y sus agudas observaciones al primer borrador del libro.

A Isabel, su detallada y cuidadosa revisión de la primera versión, y cómo no agradecer a mi joven comité de lectores, García, Miguel, Marta, Cristina y Marta, todas sus aportaciones y sugerencias de mejora al texto de este libro.

En cualquier caso, las posibles omisiones y errores son entera responsabilidad mía.

Prólogo

El futuro pertenece a los intrépidos que no se aferran al pasado.

Los cambios en nuestra vida personal y profesional ocurren a una velocidad nunca vista con anterioridad. Lo que aparece hoy como cierto mañana se transforma en algo confuso. Lo que es inmutable aparece ante ti, de repente, como trivial. Lo imprescindible tiene muchas posibilidades de ser rápidamente accesorio.

Bien... pues esto no ha hecho más que empezar. Los cambios en nuestro entorno, lejos de desaparecer, se están acelerando. Nuestros jóvenes verán cambiar el mundo durante sus cortas vidas varias veces.

Es durante estas transformaciones que nuestra vida afortunadamente nos brinda cuando crecemos y maduramos... Nos hacemos más fuertes y esta es la razón por la que libros como *El duende azul* son imprescindibles.

Frente a estos trepidantes cambios en todo lo que nos rodea, nuestra naturaleza humana no cambia a ese ritmo, a esa vertiginosa velocidad. A fin de cuentas, el deseo de tener una vida personal y profesional plena sigue siendo el motor de nuestra existencia, y por lo tanto, escoger y perseguir tus metas es escoger cómo vivir.

Cada uno de nosotros definimos nuestras aspiraciones y objetivos, y es muy importante seleccionarlos bien porque «aquello a lo que dedicas tu tiempo es a lo que dedicas tu vida».

Y cuando sabes a dónde quieres ir, lo primero que necesitas saber para poder llegar es dónde estás, de dónde parte tu camino.

Es importante comenzar nuestro viaje desde el lugar adecuado, moral y profesionalmente, para no perdernos después de dar los primeros pasos.

Lo segundo que necesitamos es una brújula. Esto es especialmente recomendable cuando no hay mapa. Y este libro de Miguel es una auténtica brújula para nuestro caminar en la vida y por lo tanto valioso para todo tipo de lectores.

No sabes a ciencia cierta quiénes son, pero sabes que alguien está repintando todos los mapas de la realidad que te rodea, esos rápidos cambios tecnológicos, geopolíticos, morales, sociales de los que todos hablamos continuamente. Los mapas estáticos que antes nos guiaban ahora son cambiantes, fluidos, algunas veces son caminos inciertos de final inexistente. Vamos, que ya no hay una ruta descrita, conocida.

Miguel ocupa una privilegiada atalaya desde donde ha visto ocurrir muchos de estos cambios con anterioridad. Una atalaya que alberga gente como él, con valores personales y profesionales muy sólidos y una vida rica en experiencias de la que podemos aprender.

En esta historia podemos aprender cómo simplificar lo complejo y enfocarnos en lo importante y así poder usar la brújula que nos facilita para orientarnos en nuestro camino hacia nuestras metas. Una brújula siempre disponible, de indicadores simples y nada confusos (...si, hay cosas que no son confusas, querido lector). Miguel nos regala esa brújula en este libro y nos enseña a usarla en unas pocas horas.

Estas páginas nos hablan también de la satisfacción de conseguir nuestros objetivos con el esfuerzo personal y lo fácil que es arroparse en la mediocridad de los que nos rodean para abandonar nuestras aspiraciones. Así que en este relato también aprendemos la importancia de escoger a nuestros compañeros de viaje cuando queremos llegar lejos, siendo conscientes de que detrás de nosotros vendrán otros que apreciarán encontrar el entorno natural por el que transcurre nuestra vida como nosotros lo vimos por primera vez.

Ah, y una cosa más. Las páginas que tienes en tus manos te harán descubrir uno de tus más importantes secretos: ¡posees poderes mágicos!

Y son esos poderes mágicos los que te darán la capacidad para aprovechar las oportunidades que los cambios en tu vida te ofrecen. Úsalos.

Pero, ¿cómo hacer que descubras tus poderes? Menudo problema. Miguel ha encontrado la solución: ¡Duendes!

Los duendes nos enseñan a perseguir nuestras metas sin dejarnos avasallar por el torbellino confuso de los cambios de nuestro alrededor.

No te extrañes si al acabar la lectura aprecias un tono un poco azulado en tu piel. Yo ya lo he notado.

ENRIQUE LÓPEZ-TELLO

Vicepresidente, ISG, Tecnologías Emergentes,
Oracle Corporation

Índice

«Nuestro destino nunca es un lugar, sino una nueva forma de ver las cosas».

HENRY MILLER

1. El inicio de la historia

En todas las historias se sabe con claridad su final. Siempre conocemos el resultado, pero en ocasiones es muy difícil conocer su principio porque las historias se inician silenciosamente, casi sin ruido, y luego crecen y se hacen grandes. ¿Qué motivó su desarrollo? ¿Qué causó su final? Son preguntas en muchos casos sin respuesta.

Así me encuentro yo hoy.

No sé por dónde debo comenzar esta historia ahora que vislumbro su final.

Si preguntara a mi Maestro Sabio, creo que me diría: «Simplemente utiliza tus recuerdos y aprendizajes».

En este texto que estoy a punto de incorporar a nuestros antiguos manuscritos, encontrareis los avatares que ocurrieron en nuestro mundo, cómo perdimos nuestra inmortalidad pasando a ser seres perecederos y las consecuencias que todo ello tuvo para todos nosotros, consecuencias que hoy en día todavía perduran.

2. ¿Quiénes somos?

Antes de relatar la completa cadena de acontecimientos y las desconocidas fuerzas que nos condujeron a nuestro destino final, debería explicar quiénes somos. Así nos describíamos a nosotros mismos antes de que todo los que iba a suceder después, que cambiaría nuestras vidas para siempre, sucediera

Nosotros somos los primeros y únicos habitantes de esta Tierra. Nacimos bajo la luz de las estrellas en bosques rodeados de naturaleza, que nos proporcionaban madera y seguridad. Nosotros fuimos los primeros pobladores, muy anteriores a los humanos.

El gran Creador pensó en nosotros como el complemento perfecto a la naturaleza por él creada. Somos espíritus que conocemos y comprendemos perfectamente el mundo natural, sus plantas, los animales y los árboles y rocas. Podemos interactuar con los elementos naturales (agua, tierra, aire y fuego) sin dificultad alguna.

Los humanos, aunque nunca nos han visto, nos llaman «duendes» porque vivimos en un universo desconocido por ellos y nuestro ritmo biológico es distinto al suyo.

Nuestro aspecto físico poco importa porque varía según las estaciones del año; por eso dicen de nosotros que medimos como un metro. Crecemos con la primavera y menguamos con el otoño, como hace toda la naturaleza continuamente. Ello nos permite admirar lo pequeño y lo grande, lo adornado y lo simple.

Nuestra fuerza está en nuestro espíritu, que es imperecedero; por ello dicen de nosotros que somos inmortales, porque no conocemos fin, ni perecemos.

¿Cómo es eso posible? Mi Maestro Sabio lo atribuye al maná que recibimos diariamente.

Con el rocío de cada mañana aparece un alimento, una especie de oblea blanquecina que desaparece con el calor del sol y que tiene el sabor de aquello que uno más desea. A unos les sabe a miel y a otros a leche; lo llamamos el «maná», que alimenta y fortalece nuestro espíritu, mientras que nuestro cuerpo es fortalecido por las bayas, las yerbas, las hojas y los frutos del campo.

Por eso nuestro color de piel es verde y va oscureciéndose con el paso de las lunas.

Nuestro lenguaje carece de palabras, porque las palabras enturbian la comunicación entre los seres y a menudo hieren los corazones.

Nos hablamos con la mirada, los gestos y los sentimientos y somos transparentes los unos con los otros y así nuestra comunicación es perfecta.

Podemos ver todo aquello que escapa al ojo humano y nuestra visión nocturna es tan buena como a pleno sol.

Vivimos en una tierra llena de bosques, árboles frutales y pastos, riachuelos y lagos.

Tenemos de todo; nada nos falta ni sobra, ya que no desperdiciamos nada y nuestras necesidades están siempre cubiertas.

Pero sobre esta, nuestra existencia de duendes felices, sobre nuestro mundo se aproximaba una tormenta que cambiaría nuestras existencias para siempre.

3. El Maestro Sabio

La nuestra es una pequeña comunidad rodeada de naturaleza. Somos poco más de un centenar y estamos dirigidos por un consejo de siete ancianos cuyo líder es el Maestro Sabio, mi tutor.

Algunos de los ancianos, muy pocos, han llegado a desarrollar el poder de la adivinación y por eso les llamamos Maestros Sabios; solo llega a sabio uno de cada 77 ancianos.

El Maestro Sabio tiene visiones que anticipan el futuro y es el único capaz de descifrar y de entender bien el Libro de los Símbolos.

Este no es un libro secreto (yo mismo lo he leído muchas veces) pero las alegorías y visiones en él descritas sobre nuestro futuro están por encima del entendimiento de la mayoría de nosotros.

Fue iniciado por nuestro primer Maestro Sabio con estas palabras «lo que veo, lo escribo en este libro...» cuando se encontraba meditando en una montaña a la que desde entonces llamamos Patmos porque allí comenzó a escribirse el fin del mundo que conocemos.

En él está descrito el futuro de los duendes.

Tenemos pocas pero precisas leyes, solo las que están escritas en el Gran Libro. La principal, escrita tres veces para resaltar su importancia, es «vivir en armonía, paz y aprender de la naturaleza». Por eso hemos adoptado el color verde en nuestra forma exterior, para asemejarnos a la madre naturaleza.

Cuando le interrogué, nos hallábamos sentados al borde de un riachuelo. El Maestro Sabio, a quien nunca había oído explicar el profundo significado de esta ley principal, me contestó así:

—Te preguntas por qué esta ley está escrita tres veces en nuestro Gran Libro.

»La naturaleza es más sabia que nosotros y debemos cuidarla y aprender de ella.

»En la naturaleza todo acaba muriendo, pero todo consigue renacer de alguna forma; toda la materia está en continuo movimiento y transformación y es reutilizada por otros elementos de la misma naturaleza: es un círculo de vida.

»Mira por ejemplo el agua –me dijo mientras introducía su mano en la corriente del riachuelo, alterando temporalmente su curso–, la lluvia que cae sobre la tierra aumenta el caudal de ríos y mares; también se filtra a través del suelo creando los acuíferos y las aguas subterráneas. Al subir la temperatura, gracias al sol el agua asciende en forma de vapor y se acumula en las nubes, lo que hace que estas se descarguen generando de nuevo lluvia, cerrando así el ciclo y dando vida a todos los árboles, plantas y seres terrenales.

»O las hojas que caen de los árboles. En otoño, cuando las horas de luz disminuyen y la fuerza del sol es menos intensa, los suelos llegan a helarse, se empobrecen y con ello se dificulta la llegada de nutrientes.

»Con la ayuda del viento y la lluvia, las hojas terminan cubriendo los suelos; las hojas caídas son un recurso natural rico en materia orgánica, en minerales extraídos del subsuelo por las raíces de los árboles y en microorganismos que en su proceso de descomposición ayudan a enriquecer el suelo y a retener el agua de lluvia, contribuyendo con ello a recargar los acuíferos.

»La naturaleza siempre sabe más que nosotros; observa cómo se abre a la vida cada amanecer. Crea vida en lugar de destruir. Se regenera, no desperdicia nada, no genera basura y se recicla continuamente.

»Los seres vivos dependemos de ella. Si ella desapareciera nosotros también lo haríamos. Por eso, nuestra primera y mayor ley es: «vivir en armonía, paz y aprender de la naturaleza».

Nunca olvidé estas explicaciones de mi Maestro, que quedaron grabadas en mi espíritu como la forma de vida equilibrada que seguimos nosotros los duendes.

Nos dedicamos pues a mantener el equilibrio con la naturaleza y, cuando somos criaturas jóvenes, al estudio, guiados por nuestros ancianos, seres muy sabios que escriben tratados sobre la naturaleza y el mundo animal.

Nuestra atención y curiosidad se centra en conocer mejor la naturaleza y en la música, que aprendimos del canto de los pájaros, el sonido del agua y del aire, y también de la poesía, que expresa los sentimientos más profundos del ser interior.

Estas actividades nos ayudan a crecer, ya que desarrollan el espíritu y nos conducen a formar un todo con el mundo natural.

Y fue precisamente mi Maestro Sabio quien, gracias a su conocimiento del Libro de los Símbolos, intuyó los signos de la catástrofe que se cernía sobre nuestras existencias y sobre nuestro mundo.

4. Signos

La vida en ocasiones da vuelcos rápidos e inesperados; para nosotros los duendes, también. Se produjo lo que para nuestra forma de vida representó una auténtica ruptura, un antes y un después.

Todo comenzó a cambiar hacia el año 777, según el antiguo calendario solar. Al principio nadie intuyó nada diferente; nuestra vida continuaba como siempre había sido: una vida plácida en medio de la naturaleza.

Hacia la segunda luna de la primavera empecé a notar a mi Maestro Sabio más inquieto y turbado. Su sensibilidad era más fuerte de lo habitual y pasaba muchos ratos como distraído y absorto en sus propios pensamientos.

Mi preocupación creció... Decidí sentarme con él un atardecer cuando la luz desaparecía lentamente en el horizonte. Había estado todo el día ausente, en su propio mundo.

—¿Maestro, qué os pasa?, ¿qué os aflige? —lo interrogué.

Después de un largo silencio, su mirada me transmitió un grave sentimiento de inquietud, una incertidumbre cuya extensión yo no alcanzaba siquiera a intuir.

—No sé qué decirte —me explicó sin sonreír y no deseando continuar con la charla.

Durante varios días le observé deambular, meditar y reflexionar.

Desde que anochecía escrutaba el cielo, durante el día estudiaba los manuscritos de los ancianos, esos que recogían, no solo nuestra historia, sino todo el saber acumulado a lo largo de muchos, muchos años de estudio y reflexión.

También buscaba atentamente signos en la naturaleza que pudiera entender e interpretar. La naturaleza, que es sabia, siempre nos avisa y transmite lo importante en la vida. Estudiaba los movimientos de las abejas, escuchaba cómo crecían las plantas, examinaba las aguas de los riachuelos. ¿Había alguna modificación en sus rutinas y hábitos?, se preguntaba sin cesar.

Cuando se repitieron varias lunas llenas, él percibió con más claridad las señales de lo que se avecinaba. Él fue el único que vio lo que habría de venir.

Lo primero fue un cambio en la música del viento; cambió su tono de alegre ritmo por lo que se podía interpretar como un lamento alargado. Los cantos de los pájaros eran más agudos, menos redondos.

Después vino la lluvia, que rompió su armonía al caer y empapar la tierra. Vio como los sapos abandonaban sus charcas y lo que definitivamente más le preocupó: ver como las serpientes salían de sus madrigueras y que las abejas habían desaparecido de nuestra vista.

Solo él lo percibió entre toda nuestra comunidad.

Pienso —aunque él nunca me lo confirmó— que por aquel entonces tuvo una visión de lo que nos esperaba y que sin duda eso lo animó a seguir con sus indagaciones.

La visión debió ser algo borrosa, quizás alegórica, pero para él fue suficiente. Por ello se puso en acción.

Pidió a los siete ancianos que se reunieran rápidamente.

Cuando se presentó ante el consejo fue claro y directo:

—Se aproxima una gran fuerza que cambiará profundamente nuestro mundo y ni nosotros los duendes, ni nuestro entorno volveremos a ser iguales.

Dado su prestigio entre los ancianos, el sentimiento de sorpresa e incredulidad que generó su anuncio fue grande, y las dudas aún mayores.

¿Qué fuerza? ¿Por qué? ¿Cuándo? ¿Cómo lo sabes?

Y se abrió un gran debate.

El primero que expresó su sentir fue el Maestro Indeciso, que manifestó claramente que él no veía amenaza alguna y que todo siguiera como estaba; la mejor decisión era no tomar decisión alguna.

El Maestro Tardón indicó que era pronto para hacer algo y que lo más prudente sería esperar y ver.

Por su parte el Maestro Reactivo se negó a preparar ningún plan de acción y dijo que siempre habría oportunidad para ello. Insistió en la necesidad de no hacer nada y esperar acontecimientos.

El Maestro Curioso quiso saber qué signos había identificado el Maestro Sabio para hacer tal declaración, mientras el Maestro Prudente propuso preparar un plan de contingencia para proteger a toda la comunidad.

Finalmente el Maestro Importante aseguró que aunque este asunto no fuera urgente sí que parecía el más importante (teniendo en cuenta su posible impacto en la vida de la comunidad) al que se enfrentaba el consejo desde hacía muchas, mucha lunas y que por lo tanto debían dedicarle la máxima atención y reflexión.

El debate fue largo, extenuante y de algún modo sin final.

En la historia de la comunidad de los duendes, esta fue la primera y casi la única ocasión en la que el consejo de ancianos no pudo tomar una decisión por consenso de todos.

La división había entrado en el consejo como un negro preludio de lo que estaba por venir.

A este agitado debate en el consejo, mi Maestro respondió intensificando su esfuerzo y dedicación a la búsqueda inequívoca de los signos premonitorios.

Yo le veía sentado con otros duendes también mayores debatiendo sobre los manuscritos antiguos. ¿En qué situación se habían escrito? ¿Qué recuerdos nos traían a la memoria? ¿Cómo interpretar correctamente las visiones?

Este periodo de indeterminación terminó bruscamente cuando se reunió de nuevo el consejo de ancianos al inicio de una mañana algo gris y ventosa.

El Maestro Sabio tomó enseguida la palabra y les habló diciendo:

—Los signos de lo que se avecina se fortalecen con cada nuevo sol. No conozco la forma de la amenaza que nos rodea, pero he visto cómo los animales del bosque buscan refugios más profundos y altos. Cómo las plantas dudan si crecer y cómo las flores no saben si deben girarse con el sol.

Les confesó entonces su visión de la Madre Tierra quejándose de dolores en sus entrañas y de árboles que volaban en medio del mar.

Nadie sabía cómo interpretar dicha visión.

—La naturaleza –concluyó– está expectante por lo que ha de venir. Debemos pues prepararnos para lo peor.

En esta ocasión el debate fue aún más vivo y prolongado.

El Maestro Reactivo manifestó que aun cuando algo pasara sería suficiente con refugiarse en lo profundo del bosque. El bosque era para los duendes el origen de todo y a él siempre podrían volver. «Volver al pasado es hermoso», concluyó en su alegato.

El Maestro Tardón opinó que no había que precipitarse, que lo que hubiera de suceder se desconocía, y que en cualquier caso tendrían tiempo para reaccionar.

Por su parte el Maestro Curioso recordó alguno de los manuscritos más antiguos sobre la navegación en el mar que tenían almacenados, así como los dibujos de los barcos que la hacían posible.

Deberían releerlos, apostilló el Maestro Prudente, por si fuera necesario construir un barco y adentrarse en el profundo mar. El Maestro Importante insistió en que como la salida al bosque era natural para ellos y ya disponían de ella deberían centrarse en la otra salida posible, la del mar. El Maestro Prudente añadió que dado que quizás la amenaza surgiera del propio bosque deberían construir un barco capaz de navegar el mar y alejarlos de su Madre Tierra por un tiempo.

El Maestro Indeciso no se manifestó sobre lo que se debería hacer.

De nuevo el consejo quedó dividido en su decisión. ¿Deberían prepararse? ¿Para qué? ¿Abandonar su comunidad e internarse en el bosque? ¿Prepararse para adentrarse en el mar?

Estos interrogantes quedaron abiertos sin respuesta. Nadie conocía la solución a los mismos.

Adentrarse en el bosque era lo más natural. Los duendes dominan el bosque; es su conocimiento adquirido durante muchas lunas. Tendrían el maná garantizado y no exigía grandes preparativos. A fin de cuentas, lo que estuviera por venir no sería tan relevante; sería solo un contratiempo temporal y el bosque los protegería.

Esta fue la alternativa que eligió la gran mayoría de la comunidad dirigidos por el Maestro Reactivo y el Maestro Tardón.

Por su parte, tratar de navegar el mar era un gran reto. Nadie lo había hecho antes y requería un gran esfuerzo creador. ¿Bastarían los dibujos para construir un barco?

¿Habría maná en el mar? ¿Se adaptarían a ese nuevo entorno marino?

¿Cuánto tiempo tendrían que permanecer en él antes de poder volver a su Madre Tierra? El mar abierto era una incógnita, un entorno hostil para los duendes.

El Maestro Sabio, junto al Maestro Curioso, desempolvó los viejos manuscritos sobre la navegación y con la ayuda de varios de ellos se inició la aventura de construir un barco.

El Maestro Sabio nos animó diciendo:

—Hay que estar preparados para cualquier eventualidad; démonos prisa.

5. La Estrella Viajera

El Maestro Sabio tuvo la confirmación definitiva de lo que se avecinaba cuando lo sintió en su interior con una fuerza muy superior a la de ocasiones anteriores.

Y después lo vio.

Se encontraba escrutando el cielo a una hora ya avanzada de la noche cuando apareció. Fue algo totalmente nuevo para él. Nunca antes la había visto aunque los manuscritos hablaban de ella y en el Libro de los Símbolos estaba descrita como la precursora de la Gran Transformación. Por su forma algo ovalada y su inmenso brillo no tuvo dudas; era la «Estrella Viajera».

Según relataban los viejos libros, en la ya larga historia de los duendes había una visión que se había repetido en siete ocasiones: una estrella que se hacía notar porque destacaba en la oscuridad de la noche: la Estrella Viajera.

Todos los sabios que habían experimentado esa visión coincidían en que era la señal definitiva de un presagio, un aviso... un cambio radical en el mundo que habían conocido los duendes, una nueva dirección en su existencia, un nuevo rumbo.

Por eso la llamaban la Estrella Viajera; era el último y un claro indicio de una fuerte mutación en el mundo de los duendes.

Maestro Sabio supo al instante que esta visión era el inicio de algo nuevo y muy importante.

«Ahora la naturaleza es mucho más explícita», pensó.

El sentimiento en la comunidad ahora era distinto. Una sombra de inquietud creció en ella, como las ondas de una piedra arrojada al agua.

Una pesada incertidumbre y una profunda oscuridad se adueñaron del pensamiento general.

Al mismo tiempo, el quejido de la tierra se hizo más visible, más amplio, y los últimos pájaros y aves desaparecieron de la vista.

—Ha venido, he visto la Estrella Viajera —aseveró Maestro Sabio—; preparémonos para tomar el nuevo rumbo.

El Maestro Reactivo se opuso a hacer planes por si acaso, «ya reaccionaremos...», mientras Maestro Tardón repitió que ya se vería qué hacer más adelante, que para qué tanta prisa.

El Maestro Curioso y el Maestro Prudente reflexionaban en voz alta sobre la conveniencia de acelerar la construcción del barco. El Maestro Importante, sin apenas hablar se sumergió en los dibujos de la nave tratando de diseñar hasta el más pequeño detalle de la misma.

El Maestro Indeciso miraba dubitativamente en todas direcciones mientras se encogía de hombros.

Las señales dieron paso al inicio de la catástrofe.

Comenzó con la fuerza destructiva del viento y del agua y la tierra empezó a agrietarse. Después llegaron sacudidas e inundaciones violentas...

El Maestro Reactivo gritó: «Todos a lo profundo del bosque» y se marchó seguido de la gran mayoría de duendes.

El Maestro Sabio trató de calmarlos diciendo «al bosque no, no es un refugio seguro, los animales lo han abandonado» e insistía: «caminad hacia el mar, subamos a nuestro barco».

El desorden y el caos reinaron en instantes en la comunidad mientras los duendes iban en todas las direcciones.

En medio de este tumulto, el Maestro Importante, con la ayuda del Maestro Prudente, corrió a salvar los libros y los viejos manuscritos que recogían todo el saber.

Mientras muchos se internaban en el bosque en busca de refugio, el Maestro Sabio con otros, y yo entre ellos, nos dirigimos rápidamente al barco que estaba casi terminado. Unos cargaron las bayas, las yerbas y los frutos que teníamos ya preparados, otros los libros y los viejos manuscritos y los demás utensilios de navegación.

Izamos la vela y tratamos de empujarnos lejos de la orilla.

En el interior de la tierra, los quejidos aumentaban y su duración también. Ahora parecían aullidos desesperados buscando una salida.

Se produjo entonces una sacudida más violenta; los arboles caían, los temblores se repetían, los animales habían desaparecido de nuestra vista y de repente todo terminó con una gigantesca explosión.

Como efecto de la explosión el gran bosque pareció partirse; gran parte de la tierra se deslizó y se perdió en el agua y una gran nube de polvo empezó a caer sobre nosotros y amenazó con cubrirlo todo.

Ya no veíamos el bosque, ni apenas la silueta de la tierra.

«Al mar abierto», se escuchaba gritar al Maestro Sabio.

«Empujad fuerte el remo y naveguemos lejos» oíamos entre el clamor de las olas y las ráfagas de viento que nos alejaban de la tierra.

Nos separábamos de nuestra tierra, mientras otros huían a lo profundo del bosque.

Nos separábamos de nuestra tierra, mientras otros desaparecían en la nube de polvo.

Nos separábamos, mientras el bosque y el sol desaparecían de nuestra vista.

Nos alejábamos de nuestro pasado.

En un solo día con su noche, nuestra tierra desapareció completamente de nuestra vista. Oculta por el polvo y la lejanía nuestra tierra quedó en silencio...

En el barco solo quedamos unos pocos, con nuestros libros y viejos manuscritos.

¿Resistiría nuestro barco el envite de la fuerza desatada del viento y el agua? ¿Cuándo volveríamos a tierra?

Qué sensación de desamparo se adueñó de todos nosotros, perdida nuestra tierra y en medio del desconocido mar.

¿Qué hacer ahora?

6. En busca de...

El polvo lo cubría todo; no sabíamos si era de día o de noche. El barco que parecía resistir el ímpetu de las olas nos llevaba a donde no sabíamos. Oíamos el crujir de las maderas asentándose por los golpes del mar. La nave se movía empujada por la fuerza del viento y el agua.

Recobrados del susto de los primeros momentos, varias preguntas se nos hicieron patentes: ¿Y ahora qué? ¿Cómo volver? ¿Dónde estábamos? ¿Hacia dónde debíamos dirigir nuestro esfuerzo?

En medio de la oscuridad del polvo solo podíamos esperar.

No sé cuántas lunas pasaron, pero como si se tratara de un velo que se descorre de repente, la nube de polvo desapareció y nos sentimos volver a la luz, a la vida.

Ante nosotros, a nuestro alrededor no había nada, solo agua, agua y agua.

¿Dónde estaba nuestra tierra? Había desaparecido en la nube de polvo. ¿Cómo volver ahora a ella? Parecía imposible.

El Maestro Sabio nos reunió y dijo:

—Nuestra tierra ya no está. Preparémonos para un nuevo rumbo. Iniciamos el destino que la Estrella Viajera nos ha indicado.

«A lo desconocido, allí nos dirigimos», pensé.

¿Qué derrotero seguir? ¿Hacia dónde dirigirnos? Solo nuestro silencio contestaba esas preguntas.

7. El objetivo

Una mañana, al levantarse, el Maestro Sabio anunció con angustia y pesadumbre:

—No podemos volver a una tierra que no sabemos dónde está y ni siquiera si todavía existe. —Y todos recordamos ese instante en el que la tierra desaparecía en el agua y la gran explosión final.

—El camino al pasado no conduce a ninguna parte —continuó—; para alcanzar el futuro hay que moverse hacia adelante. Por eso debemos crear un nuevo futuro al que dirigirnos, un futuro que llene de sentido nuestra existencia y que nos ilusione.

Y añadió:

—Debemos tener un objetivo en nuestra andadura; si no es así nuestro viaje no tendrá sentido. —Y, ante nuestra expresión de inquietud, nos preguntó:

—¿Cómo queremos que sea nuestra nueva vida? ¿Cómo debería ser? —concluyó—. Nosotros, nuestro espíritu, necesitamos vivir en la naturaleza... —y dejó la frase abierta.

Y esa pregunta, esa reflexión, llenó nuestro espíritu de optimismo; podíamos decidir lo que quisiéramos. Y comenzamos a detallar los bosques y los animales que tendría ese lugar y también sus árboles y valles.

Recordamos la profundidad del bosque, su inmenso verdor lleno de musgo, el alegre canto del pájaro y el fluir del agua por los riachuelos y nuestros ojos se llenaron de nostalgia por lo perdido, quizás para siempre.

—Necesitamos nuestro maná –añadió alguien y todos estuvimos de acuerdo; nuestro maná de miel y leche.

Y todos acordamos encontrar una nueva tierra aún mejor, un nuevo mundo donde los duendes pudieran ser felices de nuevo y desarrollarse en la naturaleza.

El Maestro Sabio, dirigiéndose a mí, me dijo:

—Tú escribirás el Libro Valioso y en él incluirás, no solo lo que nos sucede en esta búsqueda, sino también, y más importante, lo que aprendamos en la búsqueda de la nueva tierra. Y por ello el libro se llamará Libro Valioso y a partir de mañana formará parte de nuestros manuscritos. Así pues asumes una grave responsabilidad. Sé un testigo fiel y veraz.

Y así lo hice.

Lo primero que escribí fue:

«Si no tienes objetivos, no puedes tener una vida plena».

«Los objetivos dan sentido a tu vida porque sin ellos tu vida carece de rumbo».

«Tener objetivos es fundamental para medir tu éxito personal».

De repente, alguien preguntó:

—¿Qué rumbo debemos tomar en nuestra navegación?

De nuevo creció la inquietud en el pequeño grupo, mientras nos mirábamos unos a otros. ¿Dónde estaba nuestra nueva tierra?

Ahora sabíamos adonde queríamos llegar, pero no sabíamos cómo ir hasta allí.

De nuevo el Maestro Sabio tomó la palabra:

—He observado con atención todo el firmamento durante muchas lunas y he descubierto una estrella notable, ya que es de color rojizo.

Y continuó explicando:

—Por su intenso brillo es la más brillante en el cielo nocturno, la primera en aparecer en el crepúsculo vespertino y también la última en desaparecer en la mañana, por lo que se puede observar en toda circunstancia. La he llamado Sirius y ella nos guiará a la nueva tierra.

Y terminó:

—Es sin duda una señal para nosotros; seguiremos a Sirius en nuestra navegación.

Todos aceptamos esta propuesta.

Y entonces escribí en el Libro Valioso:

«Para conseguir tu objetivo necesitas un plan».

«Si no tienes un plan, no conoces el camino a recorrer y cuando lo conoces debes asegurarte de que lo sigues con inteligencia».

Salvo el Maestro Sabio, todos estábamos ahora tranquilos y relajados; ya conocíamos nuestro destino y teníamos un plan para llegar al mismo.

El Maestro Sabio, saliendo una vez más de su profunda meditación, me confesó:

—Llevamos varias lunas y no tenemos rocío por la mañana. ¿Qué significará?

Y, dándose la vuelta, volvió a sus meditaciones.

8. ¿Cómo guiar el barco?

Ya teníamos nuestro objetivo: sabíamos adonde ir y teníamos un plan: seguir a Sirius.

Pero nuestra tarea más inmediata era cómo dirigirnos a ella. Debíamos resolver cómo tripular el barco, ahora que éramos conscientes de que nuestro viaje podía durar muchas lunas.

Así que nos reunimos de nuevo para identificar y asignar las tareas diarias que nos dirigirían a nuestro objetivo.

Comenzamos por encargar al piloto que navegara siempre siguiendo a Sirius. También tres de nosotros se ocuparían de manejar la vela, mientras otros dos vigilarían continuamente el amplio mar en busca de señales (a ellos les llamamos vigías). Otra pareja se encargó del almacén de víveres y de la ración diaria a repartirnos. Y establecimos turnos de día y de noche.

Todos estuvimos de acuerdo en que el Maestro Sabio nos dirigiera también en esta circunstancia.

Yo me senté al atardcccr y, como hacía diariamente, escribí en el Libro Valioso:

«Una vez acordado el objetivo, debes identificar las tareas que lo harán posible y asignarle los recursos necesarios para llevar estas a cabo».

Todo nuestro grupo estaba ahora centrado en sus tareas anticipando la llegada a nuestra nueva tierra y todo lo que ello nos devolvería de lo perdido.

Todos menos el Maestro Sabio, que seguía preguntándose dónde estaba nuestro maná diario.

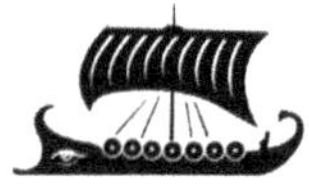

9. ¿Y nuestro maná?

Y así comenzaron a transcurrir nuestras primeras lunas. Siempre al viento apuntando a Sirius.

Todo parecía normal y repetitivo, salvo por un cambio que se confirmaba con el devenir de los amaneceres: en el mar no había rocío por la mañana.

Y, por lo tanto, no teníamos nuestro maná.

Fue el Maestro Sabio quien nos interrogó al respecto.

Si perdíamos nuestro maná diario, ¿qué nos pasaría? ¿Se mantendría igual nuestro espíritu? ¿Tendría consecuencias en nuestro modo de vida?

Todos nos quedamos pensativos y perplejos, sin saber siquiera qué decir. Simplemente comenzamos a levantarnos aún más temprano y a buscar el rastro del rocío. Nada, y las lunas pasaban.

Los vigías se esforzaban, pero no tenían noticia alguna.

Al final el Maestro Sabio se decidió y nos habló a todos con lentitud y profundidad:

—No habrá más rocío en estas condiciones y por lo tanto nos enfrentamos a una incógnita: ¿Cómo nos afectará la falta de nuestro maná? ¿Resistirá nuestro espíritu sin él?

Y él mismo se contestó:

—Yo no tengo la respuesta.

Al momento, sentimos como la desolación crecía entre nosotros rodeándonos como si fuera hiedra. «Si nos quedábamos sin maná, ¿qué nos ocurrirá?», nos preguntábamos unos a otros.

El Maestro volvió a sus meditaciones, al Libro de los Símbolos y a encerrarse en los viejos manuscritos, mientras nosotros lo contemplábamos con más y mayor inquietud.

Una mañana, al alba observé en mi mano una fina raya en la piel de un color quizás más blanquecino de lo habitual en nosotros. En pocas lunas observé el mismo fenómeno en los cuerpos de algunos otros duendes. ¿Qué nos ocurría?

Como la pequeña marca en mis manos se repitió con frecuencia me decidí a consultar con el Maestro.

Le expliqué mi observación mostrándole mis manos y en absoluto me pareció sorprendido. Por todo comentario me hizo notar que la señal estaba en muchos de nuestros cuerpos y que nos anunciaba una mutación importante.

—Se trata de una señal; ahora los duendes seremos diferentes —apostilló.

Acto seguido, como sin darle ninguna importancia siguió con sus tareas habituales, envuelto en sus manuscritos y escudriñando los cielos.

Al atardecer, cuando todos habíamos completado nuestras tareas, nos sentamos alrededor del palo de la vela y el Maestro Sabio comenzó a reflexionar en voz alta transmitiéndonos su pensamiento con claridad y precisión.

—Hasta ahora —inicio así su reflexión— nosotros los duendes éramos seres sin fin. Somos inmortales porque nuestro espíritu, fortalecido por nuestro maná, no se deteriora nunca. Somos los únicos seres vivientes con esta condición.

»Todos los demás animales, árboles y plantas crecen y se desarrollan hasta un día en el que decaen y mueren desapareciendo y siendo sustituidos por otros seres semejantes.

»Sin nuestro maná, nosotros seremos como las demás criaturas: creceremos, nos desarrollaremos y desaparecemos de la faz de la Tierra.

»Esa es nuestra mutación, lo que ya nos anticipan los signos en nuestras manos. Esos signos son arrugas en la piel que nos advierten de una nueva dimensión en nuestra existencia.

Se hizo el más grande de los silencios mientras por instinto todos mirábamos y buscábamos nuevas señales de finas rayas blanquecinas, de arrugas en nuestras manos.

—¿Perecer? ¿Desaparecer de la Tierra? ¿Qué significa eso? —protestó el Maestro Curioso, mientras se elevaba un murmullo de apoyo en el grupo.

El Maestro Sabio tomó de nuevo la palabra y se explicó del siguiente modo:

—En la tierra que hemos vivido hemos conocido tres dimensiones: lo largo, lo ancho y lo profundo, y con ello hemos explicado cómo son las rocas, los bosques y los animales. Estas tres dimensiones han marcado el espacio en el que habitábamos.

»Creo ver ahora las señales de una 'nueva dimensión', que determinará cómo seremos de ahora en adelante.

»Una dimensión, además de las espaciales, que representa la sucesión de estados por los que pasa la materia, o el período durante el cual se desarrolla un acontecimiento. Esta nueva dimensión se llama 'tiempo' y a partir de ahora determinará nuestra existencia, nuestro inicio y nuestro fin.

»El tiempo avanza siempre, inexorablemente, en una única dirección sin pausa ni demora y es imposible modificarlo o alterarlo. Es despiadado e intransigente, nunca cede a nuestros deseos.

»El tiempo no tiene movimiento, ni se identifica con un espacio determinado, sino que lo ocupa todo, y aunque no es una cosa visible, es real en nuestra mente; su duración tiene lugar en nuestro interior, es fruto de nuestro espíritu, de nuestra capacidad de prever, ver y recordar los hechos pasados y futuros.

»El tiempo todo lo tasará y medirá, y para nosotros será inexorable. Su transcurrir será imparable y nos acercará a nuestro fin, sin prisa ni pausa alguna.

»El tiempo tiene un pasado, que vive en nuestra memoria, y un futuro que está por acontecer y que vive en nuestro pensamiento, pero solo se hacen reales desde el presente, que les da significado a ambos. Por ello será para todos los seres creados la dimensión más crítica, ya que establecerá el límite de su vida. Seremos pues seres temporales y tendremos un final.

Alguien lo interrumpió preguntando:

—¿Cuánto viviremos?

—Unas 77 veces lo que viven las demás criaturas, aventuro.

Y, después de unos instantes de vacilación, terminó:

—Así pues, los duendes seremos mortales, seres con un inicio y un final —y, al terminar, se le notó su profunda respiración, dándonos a entender lo que le había costado soltar esas últimas reflexiones. El estado de tristeza que le invadía, rápidamente, sin saber cómo, a todos nos envolvió, como lo hacía la noche, dejándonos desolados por tan gran pérdida, cuya razón última desconocíamos.

Escribí entonces en el Libro Valioso:

«Si tu vida tiene un final, el tiempo del que dispones es lo más valioso que atesoras; utilízalo bien».

Creo que no todos los duendes se dieron cuenta de la importancia de la mutación a seres temporales de la que el Maestro Sabio nos había hablado.

¿Podríamos recuperar nuestro maná alguna vez? Pasábamos a ser seres temporales; ¿qué impacto tendría eso en nuestra existencia?

10. Gobernar el tiempo

En los siguientes atardeceres, el Maestro Sabio siempre nos hablaba de que en nuestra vida debíamos aprender a considerar la nueva dimensión del tiempo.

Nos dijo:

—Debéis gobernar el tiempo y no que el tiempo os domine a vosotros.

—¿Gobernar el tiempo? ¿Por qué? —pregunté.

Sin dudar, el Maestro Sabio me respondió:

—Aquello a lo que dedicas tu tiempo es a lo que dedicas tu vida —y después de un breve silencio continuó como si no se dirigiera a mí.

—Las criaturas tenemos claro cómo nos gustaría ser, cómo nos gustaría ser recordados y lo que nos gustaría que dijeran de nosotros el día de nuestro adiós.

»Pero el problema es que hay una gran disociación entre mis prioridades importantes y aquello a lo que dedico mi quehacer diario; ¿a qué dedico realmente mi tiempo?, ¿a lo que quiero ser o a cosas distintas?

»Soy aquello a lo que dedico mi tiempo y esto es lo que ven de ti los demás.

»Porque aquello a lo que dedico mi tiempo todos los días marca mi vida e indica claramente lo que soy; es lo que soy y se trasmite con veracidad a otras personas, y se convertirá en aquello por lo que seré recordado. A lo que dedicamos nuestro tiempo es aquello que otras personas ven de nosotros con facilidad y en ello no hay engaño posible pues indica lo que realmente somos.

»Por ello nosotros debemos gobernar el tiempo.

No lo entendía bien, todo esto era nuevo para mí... ¿Qué querría decir el Maestro con lo de «gobernar el tiempo»?

Durante muchas tardes releí los viejos manuscritos como habría hecho mi Maestro y reflexioné sobre qué implicaría esa nueva dimensión en nuestro existir. Lo hice mirando la lejanía del horizonte, sentado sobre la borda del barco, y esa perspectiva ayudó a que mi espíritu se fuera aclarando y reconfortando.

Mi entendimiento se fue abriendo y aceptando esa nueva realidad.

El tiempo es caprichoso: vuela o se mueve muy despacio haciéndose eterno. Es por tanto rebelde y voluble y no se ajusta a medidas. Hasta sus cambios de ritmo engañan a la naturaleza.

Lo terrible es que marca la existencia de todas las criaturas, su inicio y su fin.

Cuando manda el tiempo, te lleva como el viento a destinos cambiantes. Nunca reclama tu actividad ni se queja, y permanece silencioso cuando lo pierdes, sin hablarte nunca, como si le gustara que no lo utilices; él marca el ritmo de tu vida aunque tú no lo aprecias. Se te puede acabar sin que hayas conseguido, siquiera parcialmente, los objetivos fundamentales de tu vida.

Cuando tú lo gestionas, enriquece tu vida si lo llenas de pensamientos y actividades. Hace crecer tu experiencia y te anima a entender los acontecimientos. Cuando tú decides cómo usarlo, te acercas a tus metas.

Si lo exprimes, te quedas con su esencia, consigues la satisfacción del tiempo bien utilizado. Se convierte en un sabio consejero.

Con este convencimiento mi espíritu se abrió a la importancia de la gobernación del tiempo, algo que sin duda mi Maestro ya había apreciado.

Y fui al Libro Valioso y escribí en él:

«Si tú gobiernas el tiempo, gobiernas tu vida. Aquello a lo que dedicas tu tiempo es a lo que dedicas tu vida».

«Soy aquello a lo que dedico mi tiempo».

«Cuando pierdes tu tiempo, este no se queja ni te dice nada, pero estás malgastando tu vida».

«Aprovechar el tiempo significa hacer las cosas que te acercan a lo que quieres ser, vivir haciendo las cosas que te gustaría que dijeran de ti el día que se acabe tu tiempo».

Lamentablemente no tardé en comprobar que no seríamos muchos los que diéramos este paso de profundo de entendimiento de la gobernación del tiempo.

Fue el tumulto lo que me sacó de estas reflexiones y sometió una vez más a nuestra pequeña comunidad a prueba.

Hasta mi Maestro se alarmó cuando aparecieron los primeros duendes amarillos.

11. Donde aparece el duende amarillo

El barco navegaba sin dificultades en medio de un sereno mar. Hacía rato que el mediodía había transcurrido cuando nuestra paz quedó quebrada.

Se había desatado un tumulto donde nos solíamos reunir, alrededor del mástil de la vela.

En ese momento, uno de ellos se destacó del grupo diciendo:

—Yo no creo en esa nueva dimensión de la que nos habla el Maestro; yo puedo tocar lo ancho, lo largo y lo profundo en la naturaleza. Pero eso de lo que nos habla, «el tiempo», no lo puedo ver, ni tocar, así que no puede ser importante.

»No existe pues en la vida real, y si existiera, como el propio Maestro reconoce, no se ajustaría a ninguna medida; sería voluble y rebelde y por lo tanto ingobernable.

»Esforcémonos en lo que nos dará más frutos: la improvisación.

»En lugar de hacer preparativos y planes, improvisemos nuestro futuro. Yo me declaro el Maestro Improvisador, contrario a la dictadura del tiempo, y desde esa atalaya os digo que disfrutemos del hoy sin pensar en el mañana.

Y terminó con estas palabras:

—Que no os preocupe nada; si algo nos sucede la improvisación lo resolverá; nada es tan fundamental para nuestro ser que no pueda esperar a mañana.

Hubo muestras de asentimiento y satisfacción en el grupo.

El Maestro Sabio, que había callado todo ese tiempo, tomó la iniciativa:

—El tiempo no se puede improvisar, transcurre inevitablemente y lo realizado tarde y con prisas no acaba bien. —Y continuó:

—La improvisación nos conduce al desorden de las cosas y al error continuo; por lo tanto es la fuente principal de la repetición de tareas.

Sin embargo no fue escuchado y yo sentí la decepción y la tristeza en su mirada.

En ese momento vi como una luz rojiza se reflejaba en los cuerpos de aquellos duendes del grupo y su piel se tornaba de color amarillo.

El sol, rey del tiempo, los amonestaba con sus rayos rojizos, transformando su piel verde oscuro en un tono amarillo mate y deslucido, poco brillante.

Creo que no fui el único en apreciar el cambio.

Aquellos que rechazaban la gobernación del tiempo aparecían ahora como un grupo distinto de duendes: los duendes amarillos, esos que ignoran cómo sacar provecho de su tiempo y actúan pensando que este es inacabable y no limita la consecución de sus metas.

Entonces yo escribí en el Libro Valioso:

«El duende amarillo no gestiona su tiempo, sino que se deja llevar por él, improvisando ante las circunstancias».

«Sus objetivos fundamentales quedan a expensas de su capacidad improvisadora y el tiempo no es para él una herramienta de desarrollo personal, ni de aprendizaje».

«Su vida está llena de sobresaltos y urgencias».

«Hay una gran diferencia entre lo que quieren ser y lo que realmente son».

Así nacieron los duendes amarillos, seres que viven ajenos a la gobernación del tiempo, que no lo saben utilizar en su provecho, y que a lo largo de los años han contagiado a tantos humanos.

12. El duende amarillo actúa

Observé que el Maestro Sabio no parecía ahora preocupado en exceso por la aparición de los duendes amarillos. Tenía la impresión de que lo había presentido; quizás lo había intuido en alguna de sus visiones.

Sin embargo a los duendes amarillos se les veía ahora muy activos; revoloteaban continuamente por el barco sin preocupación concreta alguna interrumpiendo a los encargados de la vela y a los vigías.

A mí me costaba entender por qué habían rechazado la gobernación del tiempo y qué ganaban con ello.

Esa sensación de desconcierto me condujo a observar detalladamente la conducta de los duendes amarillos.

Noté enseguida que su color amarillo era cada vez más intenso; ahora se distinguía claramente de nuestro color verde bosque.

Parecía que el sol no estaba satisfecho con ellos y los castigaba con sus rayos amarillos, aunque ellos eran ajenos a ese fenómeno.

Normalmente llegaban tarde al comienzo de sus tareas diarias, las que todos teníamos asignadas, hasta el punto de que creaban alguna pequeña fricción en los cambios de turno. Ellos no parecían preocupados; la impuntualidad –decían– es parte de la vida y da emoción a la misma; llegar tarde es natural y carece de importancia.

Durante sus guardias no tenían bien planificado el uso de su tiempo, por lo que tan pronto tenían que correr para terminar una tarea como se les veía descansar sin aparente motivo. Las prioridades en las tareas eran confusas, dedicando mucho tiempo a pequeñas tareas y no enfocándose en las más importantes. No estaban concentrados en lo que hacían y simultaneaban varias tareas a la vez, dejando algunas sin acabar mientras otras muchas se retrasaban. Esa falta de concentración los llevaba al olvido de alguna parte de su tarea o a la repetición de tareas para obviar los errores producidos. Vivían en medio de un desorden en su actividad que costaba entender.

Compartí mi perplejidad por estas conductas con el Maestro Improvisador y él me contestó que la improvisación era la fuente principal de su conocimiento y que les iba muy bien así. Si alguien no era puntual en las tareas o iba modificando sus prioridades sobre la marcha, con un poco más de improvisación se arreglaría todo.

Aunque medité sobre ello, no me sentí convencido por sus argumentos.

Escribí entonces en el Libro Valioso lo siguiente:

«La gobernación del tiempo empieza teniendo claras prioridades».

«La impuntualidad es un signo clave de mala gestión del tiempo: roba el tiempo a otras personas y descabala todos los planes de acción».

«Concentrarse en lo que uno está haciendo y no dispersarse en la ejecución simultánea de varias tareas a la vez es garantía del éxito en las personas».

Y a los pocos días me di cuenta de que había personas que son ladrones de tiempo pues usan mal y roban el tiempo disponible de los demás. Y entonce escribí:

«No malgastes el tiempo de otras personas porque nunca lo podrán recuperar».

Y mejoré mis observaciones añadiendo lo siguiente:

«Los enemigos más comunes en la buena gobernación del tiempo son:

- **Desconocer en qué invertimos nuestro tiempo,**

- **No planificar bien el uso del tiempo, renunciando a lo importante para nosotros,**
- **La impuntualidad,**
- **La confusión en las prioridades y**
- **La falta de concentración en lo que hacemos, lo cual dispersa nuestras mentes».**

Yo no me había dado cuenta de ello, abstraído como estaba en mi preocupación por la actitud de los duendes amarillos, pero los vientos que nos habían sido favorables hasta ese momento estaban cambiando, como nos advertía nuestro vigía.

El desasosiego y nuestra intranquilidad ahora eran que, si cambiaba el viento, ¿en qué dirección lo haría? ¿Nos alejaría de nuestro objetivo, seguir a Sirius? ¿Adónde nos llevaría?

Y si el viento se tornaba en contrario, ¿qué nos pasaría? ¿Cómo podríamos avanzar con el viento en contra?

Ya habíamos aprendido que el viento durante el día era más fuerte que por la noche por lo que en la oscuridad avanzábamos más lentamente; pero hasta entonces solo habíamos aprendido a navegar con viento favorable.

El viento parecía detenerse por momentos y luego arrancaba aún con más impulso. Nuestro barco parecía avanzar con paso cansado y como a pequeños saltos sobre las olas.

Todas estas eran las preocupaciones respecto a las cuales yo vivía ajeno por aquel entonces y de las que no fui consciente hasta pasados unos días, cuando los temores sobre el viento se confirmaron. Rápidamente el viento cambió y comenzó a empujar en sentido contrario a nuestra navegación.

¿Cómo navegar en contra del viento, es decir, con viento contrario? ¿Cómo pilotar el barco contra una fuerza tan poderosa y hacerle avanzar?

Este era nuestro nuevo reto.

13. Viento en contra

l viento en contra de nuestra marcha arreció y se hizo más y más fuerte.

Hasta ese momento el viento nos había empujado por detrás y por lo tanto nos bastaba desplegar la vela formando un ángulo recto con la dirección del viento para avanzar. Así el velamen que recogía el viento se hinchaba y llenaba de potencia y empujaba la nave hacia delante.

Enseguida nos dimos cuenta de que era imposible ir en línea recta en contra del viento; navegar completamente de frente al viento no era factible.

Optamos por arriar la vela y esperar... aunque nuestro problema seguía allí.

El Maestro, los encargados de la vela y los vigías seguían estudiando los dibujos y los esquemas del barco sin obtener aparentemente ninguna respuesta a nuestro interrogante: ¿cómo mantener nuestra dirección enfrentados al viento?

Algunos opinaban que lo más sensato sería esperar a que los vientos volvieran a ser favorables. Pero mi Maestro les decía que ello significaría rendirse ante las dificultades; rendirse sin intentarlo es una derrota completa de las que dejan una huella indeleble. Además, argumentó que no sabíamos cuánto podrían durar esas condiciones y que la simple espera, si se alargaba, podría tornarse en un infierno.

Y añadió que si no se encontraba una solución para nuestro navegar siempre estaríamos a expensas del cambio de viento y no de nuestra propia voluntad.

En este momento aprendí de mi Maestro la importancia de insistir y persistir en tus metas pese a las dificultades que puedas encontrar.

Tratamos de remar, todos al unísono, pero el viento era tan fuerte que prácticamente no podíamos avanzar.

El Maestro pidió izar de nuevo la vela y se sentó a mirar con atención su posición respecto al viento y hacia dónde derivaba el rumbo de la nave. Así pasó mucho rato, ensimismado en sus pensamientos.

Finalmente observó que formando el menor ángulo posible respecto a la corriente de aire que se nos oponía, la nave se desplazaba lateralmente y con ello también avanzaba.

Así pues nos ordenó mantener la vela izada e ir cambiando su posición cada cierto tiempo para que el barco fuera navegando en zigzag; la idea era cambiar el lado por el que el viento llegaba a la nave. Así, la corriente contraria incidiría en nuestras velas de forma oblicua –es decir, formando un ángulo que no es recto–, lo que movería el barco lateralmente. Este choque de fuerzas contrarias (el barco y el viento) daba como resultado un empuje hacia delante que nos llevaba en la dirección deseada, siempre que estuviéramos zigzagueando continuamente.

Y efectivamente funcionó. Avanzábamos, aunque no en línea recta, trabajosamente y casi de lado, pero avanzábamos.

Vi cómo la persistencia del Maestro nos había mantenido en nuestro objetivo.

Y escribí en el Libro Valioso:

«La persistencia es la cualidad básica que toda persona debe tener para alcanzar sus metas».

«Y siempre debe ir acompañada de una actitud positiva ante el fracaso y el fallo».

«Debes considerar los posibles problemas en la consecución de tus metas y preparar planes de contingencia».

«Dibuja varias sendas para alcanzar tus objetivos e incluye estrategias flexibles en tus planes».

Mientras nuestro barco navegaba laboriosamente, el viento se mantenía firme. Ahora se veía acompañado de una persistente lluvia y nuestro vigía vio que los cielos se oscurecían ante nosotros cada vez en mayor medida y a lo lejos se divisaban los primeros rayos y truenos.

Nos aproximábamos a una gran tormenta.

14. La tormenta

Aparentemente el mar se había enfadado y había decidido castigar a nuestro barco. Además, se nos echaba encima la noche.

Las nubes tenían ahora un aspecto esponjoso y parecían trepar al cielo verticalmente. El viento, potente y recio, soplaba de modo amenazante silbando en la henchida vela. De repente una fortísima ráfaga de viento inclinó el barco peligrosamente haciendo saltar y balancearse todo lo que estaba en cubierta.

Fue el primer aviso.

Decidimos amarrarnos con cuerdas al palo del barco para no caer por la borda empujados por el vigoroso viento.

Nos enfrentábamos a olas del tamaño de un árbol, que marcaban nuestra deriva. Su ruido al estrellarse sobre la cubierta era atronador. Una y otra vez nos azotaban sin piedad, sin tregua alguna para al menos quitarnos el sabor salado de la boca y respirar un poco de aire fresco.

–No podemos dirigir el barco –gritó nuestro piloto, que ya había reducido el velamen desplegado–; perdemos el rumbo, no sé hacia dónde nos dirigimos.

Las gruesas gotas de lluvia y el gélido frío de la noche helaban nuestras manos. El barco se cubría por completo con la fría y abundante espuma del mar, aumentando nuestra sensación de humedad con todo lo que nos rodeaba.

Empapados y mojados, así nos encontrábamos.

La luz era insuficiente para vernos con claridad.

Casi estábamos resignados a nuestro destino, cuando alguien gritó varias veces «entra agua». Efectivamente, el agua entraba a borbotones por uno de los costados del barco donde la madera se había rajado unos palmos.

No se trataba ya de dirigir el barco, sino de poder salvarlo y a nosotros con él. Había que tapar esa vía de agua urgentemente.

Esta era nuestra situación: un barco ladeado y con una vía de agua negra y blanquecina que nos desafiaba.

Tratamos rápidamente de poner nuevas maderas encima de las ya existentes, todo ello en medio de la inestabilidad del barco y bajo el vaivén de las olas. Fue una tarea titánica, pero conseguimos eliminar casi por completo la vía de agua que entraba y nos inundaba. Seguíamos a flote, aunque escorados.

Sin duda nuestro piloto sabía cómo dirigirse a las olas en el momento exacto para no ser sepultados por el agua y así saltábamos por encima de ellas, subiendo y bajando como montados en un tobogán.

Pero seguíamos navegando, aunque fuera sin rumbo alguno.

Cada estruendo producido por los relámpagos rajaba el cielo de arriba abajo y en cada chispazo de luz veíamos nuestras caras desencajadas y llenas de pánico.

El Maestro Sabio gritaba incesantemente: «Debemos salvar el barco; ¡¡achicad el agua!! ¡Achicad el agua!; no permitáis que llegue a nuestra comida, que se inunde nuestro almacén», insistía una y otra vez, a grandes voces.

Algunos corrimos a proteger y salvar nuestros víveres mientras otros achicaban el agua con cubos y cubos, yendo y viniendo.

El Maestro trataba de infundirnos ánimo y fortaleza pero estábamos agotados, hastiados y entumecidos por el frío y completamente a merced de una de las fuerzas más brutales de la naturaleza: la tormenta marina.

El caprichoso viento se tornó de nuevo en uno de más baja intensidad y súbitamente el horizonte se rasgó y luego comenzó a abrirse como si fuera una cremallera; una tenue luz del sol despuntó a lo lejos y lentamente, muy despacio, inundó el barco. De nuevo vimos nuestras caras empapadas por el agua salada y aún agarrotadas por el miedo.

La luz se fue abriendo paso trabajosamente y las nubes se volvieron de negras a grises; parecían luchar entre ellas, mezclándose y formando ahora como un gran manto de un gris profundo, roto todavía por algún relámpago.

Suavemente los vientos amainaron y la lluvia era ahora más fina y rebotaba con menos fuerza en la crujiente madera del barco.

La tormenta igual que vino se fue, rápidamente, aunque esta vez en silencio.

Nuestro barco, aunque dañado, seguía en pie, navegando, y de nuevo nuestro piloto pudo tomar el control del mismo.

Nosotros, exhaustos, mirábamos todavía incrédulos la rapidez con la que las nubes huían en nuestra presencia.

Estábamos salvados.

Todos, incluido el Maestro Sabio, respiramos con alivio.

«La naturaleza se ha portado bien con nosotros», pensé mientras conseguía reincorporarme.

Habíamos pasado por una nueva experiencia; nos habíamos enfrentado a la disyuntiva de elegir lo importante (mantener nuestro rumbo y encontrar nuestro destino) y lo urgente (salvar el barco).

Este fue mi aprendizaje de la tormenta: los dilemas que te plantea la existencia y en los que tú debes elegir.

Ante cualquier acontecimiento, nuestra primera reflexión debería ser ¿es esto importante o urgente para mí?

Lo urgente debe primar solo en caso de emergencia. Jamás debemos olvidar lo importante para nosotros y dejar que quede anulado por lo urgente, como hacemos en excesivas ocasiones.

Si algo es importante y urgente eso es lo primero que debemos hacer y si siendo importante no es urgente, eso será lo segundo en lo que deberemos ocuparnos.

Si no es ni importante ni urgente, simplemente no lo hagamos. Cuando algo es urgente pero no importante pongámoslo en la lista de tareas posteriores y hagámoslo si finalmente sigue siendo necesario, ya que la gran mayoría de las urgencias son ficticias y son creadas por nosotros mismos. Cuando algo es necesario y lo posponemos nos acaba llamando a la puerta con el traje de urgente.

Estos aprendizajes los escribí en el Libro Valioso del siguiente modo:

«Incluye en tu agenda todo lo que es importante aunque no sea urgente, ya que si no nunca lo harás».

«Lo urgente solo debe ser prioritario en situaciones de necesidad real».

«Lo importante para ti es todo lo que te acerca a tus objetivos fundamentales, lo que está de acuerdo con tus 'valores personales básicos' y todo lo que te beneficia en tu desarrollo y aprendizaje como persona».

El mar se había serenado y el viento soplaba ahora, constante pero suavemente. Navegamos con presteza durante un par de días más bajo la hábil mano de nuestro piloto.

Descansábamos al atardecer del tercer día, todos sobre la cubierta recuperándonos de nuestro reciente padecimiento cuando sonó la fuerte voz del vigía:

—Tierra, tierra a la vista.

Nuestra piel se erizó de la emoción sentida tras esas dos simples palabras.

15. ¡Tierra, tierra!

Y allí estaba, abriéndose paso trabajosamente entre la luz del atardecer que comenzaba a desaparecer, empujada por la creciente oscuridad, la tierra.

¡Tierra al fin!, pensamos todos.

La seguridad que nos proporcionaba la tierra estaba a poca distancia; la podíamos ver dibujarse en el horizonte y casi palparla con nuestras manos. Habíamos llegado.

Incluso a los marinos, la tierra acrecienta la sensación de seguridad. Para nosotros, aprendices de marinos, esa sensación era todavía mayor.

Recordamos, agolpados en nuestra cabeza, todos los buenos recuerdos de nuestra perdida tierra y por un instante creímos revivir la placentera sensación de estar en ella, de llegar al destino, de alcanzar nuestro ansiado final de viaje.

Asomados a la barandilla del barco, pensábamos en todo esto mientras veíamos primero su clara sombra y luego cómo la tierra se nos acercaba. Ya la divisábamos cercana y acogedora.

¿Nos acogería esta nueva tierra en sus brazos como lo había hecho nuestro antiguo mundo?

16. La tierra finita

Allí estábamos pie en tierra ya, dejando nuestro barco a unos pocos cientos de metros, exhaustos y felices.

Después del primer alegre grito de alivio al tocar tierra, descansamos tumbados en la arena como si nada más existiera, como si todo se hubiera ya cumplido.

Medio adormilados y mecidos por el cansancio todo nos parecía conseguido; habíamos dejado atrás la inseguridad del mar y sus peligros, la soledad y la incertidumbre del ancho mar.

Simplemente estábamos en tierra.

Por encima de la arena se iniciaba una frondosa vegetación de plantas y árboles de mediana altura y más lejos lo que parecía la silueta de unos picos y colinas no muy escarpadas.

—Hay que organizarse —decía alguien mientras yo volvía a la consciencia de la vida; era el Maestro Sabio dando instrucciones.

—Lo primero es explorar el entorno. ¿Cómo es esta tierra? Saber dónde estamos y buscar un lugar para montar nuestro hogar, un lugar que sea confortable y seguro.

»Debemos buscar nuestro posible sustento, qué plantas, ríos y bosques hay en esta nueva tierra.

Y como a todos nos pareció buena idea nos organizamos en varios grupos. Unos recorrieron la tierra en todas las direcciones y otros iniciaron la búsqueda de qué plantas había y dónde estaban los ríos y bosques.

Quedamos en juntarnos otra vez en unas tres lunas en el mismo sitio, donde se quedaron un par de duendes cuidando del barco.

Y así ocurrió; cada grupo se internó en la tierra desconocida con su tarea y no volvimos a saber de ellos hasta pasadas más de tres lunas.

Cuando mi grupo volvió a donde habíamos dejado el barco habían pasado tres amaneceres y aún faltaba por llegar el último de los grupos, que lo hizo casi al anochecer. Cansados y contentos estábamos todos de vuelta.

A la mañana siguiente celebramos una asamblea y pusimos en común todos nuestros hallazgos.

El grupo de exploradores nos sorprendió a todos: había otro mar a los dos lados de la gran colina y desde lo más alto en la lejanía se veía otra vez el mar.

Después de unos momentos de sorpresa y zozobra, el Maestro Sabio declaró:

—Estamos en una isla; los viejos libros describen alguna de ellas.

—¿Qué es eso? —preguntamos.

Y el Maestro nos explicó lo que estaba en los libros.

Entonces se abrió la discusión; había arboles sí, pero no grandes bosques. Había una gran cueva que podía darnos refugio durante los días de invierno.

Habíamos visto un lago de agua dulce casi a los pies de la colina y de allí partían un par de riachuelos de corto recorrido. En cuanto a las plantas, muchas eran desconocidas para nosotros pero sin duda podrían servir para nuestra alimentación. Nos llamaron también la atención las pocas especies de animales que habíamos encontrado.

Al escuchar el resumen de todo ello pensé que no parecía nuestra tierra prometida.

Mi impresión no era la única; la discusión se centró en si ese sitio, una isla, era el lugar adecuado para que los duendes estableciéramos allí nuestro nuevo mundo.

La asamblea se debatía entre el sí y el no; había motivos de preocupación pero muchos recordaban los sinsabores del viaje que habíamos realizado. La duda era fuerte en el grupo.

Enseguida aparecieron los duendes amarillos arguyendo que lo mejor sería posponer cualquier decisión.

—Dejémoslo para otro día, dejémoslo estar —decían—, y de momento sigamos como estamos; ya veremos mañana.

El Maestro Sabio insistía en que era mejor tomar una decisión pronto y preparar los planes para su implantación; dejarlo para más tarde no arreglaba nada.

Posteriormente el Maestro me explicó que tendemos a posponer todo aquello que nos asusta y ante lo que tememos fracasar o que simplemente nos resulta desagradable.

Yo lo resumí en el Libro Valioso con las siguientes palabras:

«Tendemos a posponer todas las decisiones o acciones que nos resultan desagradables, con las que tenemos miedo a fracasar o que no sabemos por dónde empezar».

El Maestro Improvisador se incorporó en medio del grupo y nos dijo:

—Estamos cansados de avatares.

»Esta tierra es lo suficientemente buena para establecernos; nos alimentaremos de nuevas plantas. Nunca encontraremos una tierra como la que perdimos; seamos conformistas y adaptémonos a lo que tenemos. Vivamos el hoy; el mañana ya se verá.

»No vale soñar más con la 'tierra prometida'; yo no creo en su existencia. Su búsqueda será inútil.

»¡Quedémonos aquí! —concluyó.

Muchos asintieron: «Sí, quedémonos y olvidemos los sueños lejanos. Disfrutemos de lo que tenemos, disfrutemos de hoy».

El Maestro Sabio se opuso del siguiente modo:

—Sí, es verdad que hemos sufrido mucho para llegar hasta aquí. Pero también es verdad que nos hemos enriquecido y aprendido mucho en este viaje, y no solo del arte de la navegación.

»Ahora tenemos más energía y somos más osados; nuestro espíritu se ha mantenido sólido como una roca.

»Abandonamos nuestra tierra empujados por una fuerza superior y subimos al barco para buscar un mundo mejor que el nuestro y no una isla confortable. Esta isla es un alto en el camino pero no su final.

»Mi corazón me dice que no debemos renunciar a nuestro sueño. Aunque aún esté lejano, la pasión y la perseverancia nos llevarán hasta él.

Pero fue inútil. Una vez más las desavenencias se produjeron en nuestra comunidad.

Ese atardecer escribí de nuevo en el Libro Valioso esto:

«No debes renunciar a tu objetivo fundamental. Siempre exigirá esfuerzo y parecerá lejano; si no fuera así, no sería un objetivo fundamental».

«La pasión y la perseverancia nos conducen a los objetivos fundamentales».

«Nunca conseguirás aquello en lo que no creas».

«Con frecuencia se debe sacrificar la satisfacción del corto plazo para alcanzar lo importante a largo plazo».

«Si pierdes tu empuje y tu pasión pierdes la guía de tu vida».

«Posponer un problema no contribuye a su solución».

«En general, el mejor momento para hacer algo es ahora, no mañana».

El Maestro Improvisador, la totalidad de los duendes amarillos y algunos más decidieron quedarse en la isla.

Los duendes amarillos renuncian con facilidad a sus objetivos (los que realmente llenarían su vida) al aceptar lo que está próximo y cercano como suficientemente bueno. No utilizan su tiempo en lo fundamental, sino que el tiempo transcurre sin que ellos sean conscientes de su pérdida; retrasan para «otro día» todo lo que les supone incomodidad.

A mí me pareció que los duendes amarillos habían dejado de creer en nuestro sueño; su corazón ya no los empujaba, se habían cansado de luchar, estaban acobardados ante el futuro y se habían conformado, abandonando su objetivo fundamental: encontrar una tierra similar a la nuestra.

Su viaje había terminado pero no el nuestro.

Éramos pocos, pero decididos a no renunciar a nuestro objetivo: encontrar una nueva tierra llena de verdes bosques y animales, plantas y bayas, cascadas y ríos. Y quizás volver a disfrutar de nuestro maná...

El Maestro Sabio, yo y algunos más preparamos de nuevo nuestro barco para la próxima partida.

Recogimos madera, reparamos la cubierta y revisamos el casco.

Otra vez lo cargamos sin olvidar nuestros libros y manuscritos que, como había dicho el Maestro Sabio, formaban parte de lo que éramos y por eso no los podíamos abandonar.

Cuando nos hicimos de nuevo a la mar dejando atrás a los duendes amarillos nos enfrentamos una vez más al ancho mar y a una ruta desconocida.

La lluvia nos acompañó en la despedida.

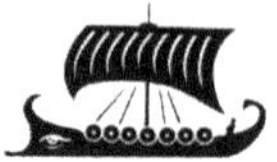

17. Buscando a Sirius

Volvimos a navegar al extenso y grandioso mar.

Pronto la isla no fue más que un punto en la lejanía del horizonte, un recuerdo melancólico de nuestros hermanos perdidos. En ese momento, el de partir, todos morimos un poco al dejar atrás parte de nuestra historia.

La incertidumbre y una gran sensación de desamparo nos dominaban. Os imagináis nuestro ánimo interior al dejar un puerto seguro e internarnos solos otra vez en lo desconocido.

No es fácil dejar lo evidente y encaminarse en busca de una nueva esperanza que no es palpable ni puedes tocar con tus manos.

¿Adónde dirigirnos ahora que nos encontrábamos de nuevo perdidos en el vasto mar? ¿De dónde sacar fuerzas para volver a las rutinas marineras que habían llenado nuestros días de navegación?

En esos momentos de incertidumbre y desorientación, el secreto para mantener nuestra determinación residía en encontrar ese «clic» que en nuestro interior despierta la resiliencia, esa capacidad que tenemos para superar todos los obstáculos.

Los grandes líderes tienen esa habilidad y nuestro Maestro Sabio lo demostró ese día cuando nos enseñó, como en un dibujo, el mañana que nos esperaba.

Recordamos nuestra armonía con la naturaleza y con nuestros bosques en sus más pequeños detalles, nuestra conexión con los elementos de la tierra, nuestra admiración por lo pequeño y lo grande, en resumen, nuestra vida feliz...

Y él nos preguntó:

—¿Vamos a abandonar todo ello y a conformarnos con una existencia mediocre?

»Que otros duendes vivan, si es su deseo, en la trivialidad del conformismo; siempre hay tiempo y oportunidades para ser mediocre y abandonar tus metas, pero nosotros no lo haremos.

»Nosotros no queremos. Si no podemos vivir nuestro propio sueño, pelear y alcanzar nuestra meta, mejor morir y terminar de una vez.

»Luchemos por nuestro sueño. Si es necesario rebasaremos las columnas de Hércules y navegaremos a una nueva frontera ¡Plus Ultra! —gritó al terminar, dirigiéndonos su mirada de penetrantes ojos y sereno semblante, iluminado por rayos del sol.

Todo en su aspecto nos transmitió su firme determinación.

Así fue como recobramos nuestro ánimo; nos había «hecho vivir» otra vez el sueño de un nuevo e inédito mundo para nosotros, los duendes.

Cuando escribí mi experiencia en el Libro Valioso, lo hice así:

«Tus principios y valores deben sostenerte en los momentos de desánimo en la busca de tu objetivo fundamental».

«Si a largo plazo mantienes tu pasión, podrás alcanzarlo».

Decidimos penetrar el insondable mar una vez más en busca de Sirius, nuestro guía.

Delante de nosotros el mar no tenía fin, pero nuestro robusto ánimo nos hacía sentirnos animosos y enérgicos en nuestro peregrinar.

Nuestros vigías de nuevo oteaban sin cesar el horizonte en busca de un mundo mejor...

18. En el Mar de los Sargazos

Un mar sin fin, ese era nuestro panorama. Solo nosotros con el ruido de las olas y el chasquido del viento en la gran vela.

Rendido ante la inmensidad del mar estaba nuestro espíritu.

Y, al poco, al anochecer allí estaba de nuevo: Sirius, nuestra estrella, la más brillante de todo el cielo nocturno, guiando nuestra navegación.

De nuevo el piloto dirigió el barco en su dirección y con buen viento; hinchada nuestra gran vela comenzamos a navegar.

Retomamos nuestra rutina marinera y las lunas comenzaron a pasar.

Una noche observamos como el menguante viento hacía casi detener nuestro barco y al despertar a la mañana siguiente vimos algo inaudito y nuevo a nuestros ojos.

Nos encontrábamos en aguas claras inundadas por un bosque marino de plancton vegetal y algas en forma de racimos de uva.

No había viento alguno, ni por supuesto olas, y aparentemente tampoco vida animal.

La atmósfera cargada de calor parecía retarnos.

Y así nos quedamos, asombrados y sin saber qué hacer.

Como el barco no se movía y la vela era inútil, fuimos lentamente abandonando nuestras rutinas marineras y el desánimo se apoderó de nuestros espíritus. Nuestro hastío pronto se hizo patente.

Con gran disgusto Maestro Sabio observó este comportamiento y nos corrigió con presteza.

Reflexionó así en medio de nosotros:

—Nuestra fortaleza reside en mantener nuestros principios y hábitos ante cualquier circunstancia.

»Nuestras ideas o creencias (principios) marcan nuestra senda al objetivo y nuestras actividades (hábitos) las hacen realidad a través de la rutina, que es la frecuencia del hábito.

Y terminó explicándonos:

—No lograremos alcanzar nuestro objetivo de la nueva tierra si olvidamos nuestros hábitos marineros, porque cuando pase esto, y pasará porque nada en la naturaleza es eterno, no sabremos ya cómo navegar.

Yo, entonces, escribí en el Libro Valioso:

«Los principios y los hábitos son la base de la productividad personal».

«Los principios que nos gobiernan nos marcan las metas a largo plazo y de ahí extraemos las del corto plazo y las actividades diarias».

Y nos hizo pensar… y reaccionamos.

Sin decir nada, y como si todos nos hubiéramos puesto de acuerdo tácitamente, volvimos a nuestras tareas marineras expulsando nuestro abatimiento.

Aunque no podíamos avanzar por la falta total de viento, nos enfocamos en mantener limpia la cubierta, activar la vigilancia y repasar la gran vela.

Como todo problema encierra una oportunidad, los encargados del almacén se iniciaron en la identificación y captura de aquellas algas que parecieron mejores y que pasaron a incrementar nuestra reserva vegetal de alimentos.

Así estuvimos siete lunas completas, ya que al siguiente amanecer se inició un viento suave que finalmente infló nuestra gran vela y nos permitió reiniciar la marcha.

En algún tiempo más conseguimos salir de ese bosque marino, ese mar de algas, y volver al ancho mar. Nunca lo echamos de menos.

Con la vela al viento nuestro corazón retomó su alegría y pudimos recuperar nuestro rumbo.

19. En el profundo mar

De nuevo nos internamos en el insondable mar. Volvimos a nuestras ocupaciones, que nos hacían pasar el tiempo más rápidamente, mientras perseguíamos a Sirius. Siempre navegando en la lejanía de su estela.

Teníamos ahora una lista de prioridades en todas las tareas y ello nos permitía centrar nuestro esfuerzo en lo más importante: seguir a Sirius y mantener un buen rumbo.

Para mejorar el resultado de nuestro esfuerzo el Maestro Sabio nos explicó la importancia de reflexionar al final de cada jornada sobre lo ocurrido en la misma y el hecho de empezar cada mañana decidiendo a qué íbamos a dedicar nuestro tiempo como modo de permanecer altamente productivos en nuestras tareas.

Yo lo escribí así en el Libro Valioso:

«Al final de tu jornada dedica unos instantes a revisar cómo te ha ido en tus tareas».

«Inicia cada día dedicando una hora a aquello que consideras de mayor importancia para tu éxito».

Pero mi calma en esos días iba bien pronto a verse sacudida por un extraño acontecimiento que aún hoy en día me sigue intrigando.

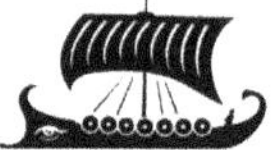

20. El inicio de la metamorfosis

Al despertar una mañana tras un sueño intranquilo me encontré convertido en algo nuevo y sorprendente: había dejado de ser un duende verde.

Con la llegada de los primeros rayos de luz, descubrí en mi piel unas manchas azules, de forma ovalada pero caprichosa, algunas de un incipiente azul y otras decididamente azules que habían hecho desaparecer el típico color verde de mi piel de duende.

Me quedé anonadado. ¿Qué me estaba pasando? ¿Era la señal de mi fin?

Asustado busqué a mi Maestro, quien tras escuchar mis quejas y lamentos, me tomó las manos examinándolas con suma atención.

—No, no te morirás aún —me dijo.

Y continuó:

—En tu interior se ha iniciado una trasformación imparable —y después de una pausa, terminó—: te estás convirtiendo en un duende azul.

—¿Azul? —exclamé—, si los duendes somos verdes.

El Maestro me replicó:

—Yo no había conocido a ninguno de ellos, pero en el Libro de los Símbolos se nos dice que 'del azul nacerá la fuente que transformará los mundos'. No sé cómo se produce esa metamorfosis, pero sí está escrito que son los duendes elegidos para una misión en el otro mundo.

—¡Otro mundo! —no pude por menos que gritar.

—Sí —me contestó el Maestro Sabio con su habitual quietud—, existe otro mundo muy diferente al nuestro y desconocido para la gran mayoría de nosotros.

Ahora el Maestro me hablaba de otros mundos y de duendes azules... Yo no sabía que pensar.

21. La historia de los duendes azules

Duendes azules. El Maestro leyó mi pensamiento y, al ver mi expresión de incredulidad, continuó:

—Así está escrito en el Libro de los Símbolos. Existen algunos elegidos de entre todos los duendes cuya misión es actuar en el «otro» mundo: ayudar a los humanos a desarrollarse y progresar hacia un mundo feliz como el nuestro, un mundo en el que el odio y el sufrimiento no tienen cabida.

—¿Por qué ellos han sido los elegidos?

—No lo sé, pero la señal de su elección es el color azul de su piel.

»El Libro de los Símbolos nos habla de ellos y por eso sé de su existencia y de que su tarea fue cumplida.

En concreto citó por sus nombres terrenales a Francisco de Asís, que enseñó a los hombres a prescindir del egoísmo de las posesiones terrenales, a fortalecer su espíritu llenándolo de bondad y a tener una actitud fraternal con todos los seres creados, abogando por la reconciliación universal con cada una de las criaturas con las cuales manifestaba un amor, un cuidado y un respeto que eran todo un modelo de entendimiento profundo de la naturaleza.

Miguel de Cervantes, que nos mostró la complejidad del ser humano, con sus dos almas complementarias: la soñadora e idealista, que nunca renuncia a sus propios valores y que ha sembrado el mundo de grandes aventuras y descubrimientos, y su «alter ego»: la simple, realista, popular y práctica, siempre preocupada por el hoy; dos almas distintas que se necesitan y forman un todo.

O el caso de Isaac Newton, que al describir la ley de gravitación universal nos explicó con una extraordinaria precisión los movimientos de los cuerpos del sistema solar (como los planetas, las lunas o los asteroides), el fenómeno de las mareas, producidas por la acción gravitatoria de la Luna, o el por qué de que la Tierra «tire» de nosotros. De este modo abrió al hombre a un nuevo mundo: el espacio.

También habló de Louis Pasteur quien, al descubrir el mundo de los microorganismos –virus, bacterias, hongos etc.– abrió la puerta a la curación de muchas enfermedades infecciosas gracias al desarrollo de vacunas, y los antibióticos. En definitiva, nos enseñó que existe un mundo que no se ve simplemente con el ojo humano pero que es una gran fuente de sufrimiento para la raza humana.

Y no olvidó a Florence Nightingale, que salvó miles de vidas mejorando las condiciones sanitarias en los hospitales y creando la Enfermería profesional moderna, ni a la Madre Teresa de Calcuta, que alivió el último sufrimiento de los más desheredados de la Tierra, los intocables.

Todos ellos y muchos otros fueron duendes azules, me explicó.

—No sé por qué fueron los elegidos, pero sí que cada uno de ellos tenía una misión concreta que llevar a cabo en ese otro mundo.

»Tú tienes ya algunas señales de esa transformación y pronto serás uno de ellos y vivirás en ese otro mundo: el mundo de los humanos.

22. Los dos mundos

—Y ese otro mundo del que me hablas, ¿quién lo habita? ¿Cómo es? ¿Cómo sabes que existe? –inquirí con ademán de preocupación.

—¿Ese otro mundo? —repitió el Maestro.

»Es muy grande y está habitado por criaturas humanas, que son mortales y están en continua lucha y sufrimiento.

»Ellos no saben de la existencia del nuestro y solo unos pocos de entre nosotros conocemos la existencia del suyo.

»Su mundo también se sustenta en la naturaleza, aunque los seres humanos con frecuencia se alejan de ella y viven a sus espaldas. Han desarrollado un gran nivel de conocimientos pero no los comparten entre ellos como hacemos nosotros. No se fían unos de otros, como si no fueran todos hermanos. Están siempre divididos en grupos y el odio contra el otro anida en sus corazones.

»Muchos de ellos viven como si fueran inmortales sin gobernar su tiempo, ni reflexionar sobre el objetivo fundamental de su vida. Son ajenos al sufrimiento de sus semejantes y su propio egoísmo dirige muchas de sus acciones.

»Algún día, lejano aún en el tiempo, ambos mundos convergerán en uno solo, según nos anticipa el Libro de los Símbolos. La tarea de los duendes azules es ir acercando esos dos mundos.

»Para ello los elegidos deben instruirlos y animarlos a alcanzar la auténtica sabiduría, que se basa en el conocimiento de tu propia alma y el amor y el respeto por todo lo creado.

»Tú serás parte de ese grupo de elegidos; tu responsabilidad es pues muy grande: debes prepararte para ello con reflexión, prudencia y determinación.

23. Y ¿mi misión?

El Maestro Sabio, adivinando mi estado de ánimo, me trasmitió en ese momento un fuerte sentimiento de total confianza en mí y continuó como meditando para sí mismo:

—Desde que lo vi y lo entendí en el Libro de los Símbolos, he estado esperando que sucediera. Siempre me pregunté quién sería el elegido... —tras unos momentos de duda concluyó—; hace tiempo que sabía que tendrías que ser tú.

—¿Por qué yo? —pregunté casi asustado y sabiendo de antemano la respuesta, que enseguida resonó en mi interior.

—No lo sé.

El silencio reinó entre nosotros y ambos entramos en nuestras propias meditaciones, refugiándonos en nuestro interior.

El atardecer era ahora aún más brillante, con miles de finos rayos iluminándolo todo mientras una ligera brisa nos empujaba constantemente, acompañada por el suave murmullo de la gran vela.

Salí de mis pensamientos cuando el Maestro me decía:

—La pregunta no es por qué tú has sido elegido. La pregunta es ¿elegido para qué? Y cómo tendrás que comportarte en ese otro mundo para poder completar tu misión.

»Escucha: las cosas realmente importantes no son materiales sino invisibles al ojo humano, y además son eternas; céntrate en ellas. Necesitarás fortaleza para vencer todas las dificultades. Deberás compartir tus talentos para mejorar el entendimiento del hombre y poder penetrar en la verdad de las cosas. No actuarás precipitadamente y tu guía será la fraternidad universal.

—Y ¿cuál será mi misión en ese otro mundo? —pregunté—. ¿Qué he de hacer? —insistí.

Mirándome directamente a los ojos me contestó:

—Lo que está escrito es esto: vendrán estrellas luminosas y el azul prevalecerá.

Estaba a punto de preguntar cuál era el significado de esas palabras, cuando vi a mi Maestro observar detenidamente el cielo con una extraña expresión en sus ojos; un cielo aún iluminado por algunos rayos.

Volví mi cabeza y allí la vi; tenía que ser ella: la Estrella Viajera.

24. El próximo viaje

Allí estaba.

Era ella sin duda; una vez más aparecía la Estrella Viajera con su brillante luz de color diamante y su forma caprichosa.

La misma que siempre nos había presagiado un nuevo rumbo, el último indicio de una mutación por sobrevenir en el mundo de los duendes.

Aunque yo nunca la había visto a lo largo de mi existencia, lo comprendí al instante; era ella y la expresión en la cara del viejo Maestro Sabio me lo confirmó.

Sin duda me anunciaba el próximo viaje a ese «otro mundo».

Sin embargo en el viejo Maestro observé un nuevo sentimiento: esta vez su semblante no era de curiosidad o sabiduría, sino de asombro y estupor. Quizás de pesar también.

En esos momentos el Maestro no dijo nada.

Solo momentos después dijo:

—Hemos de prepararnos —y entonces empecé a comprenderlo todo.

La Estrella Viajera no solo había anunciado mi marcha; también había anunciado la marcha del Maestro Sabio...

Pero no a ese otro mundo del que él me había hablado, sino que le había anunciado el final de su inmortalidad.

Para él, el último paso en su caminar estaba ahora cercano. Su misión estaba casi completada.

25. La tierra encontrada

Durante los siguientes días, la Estrella Viajera no se nos volvió a aparecer.

Sin embargo Sirius, que ahora aparecía mucho más cercana y luminosa, seguía guiándonos con su luz. ¿Hacia dónde?

Pronto lo supimos.

Ocurrió cuando el sol ya se había levantado con fuerza. De improviso oímos otra vez el grito inconfundible del vigía: «Tierra, tierra a la vista».

Todos corrimos en la dirección que nos indicaba hasta chocar con la borda del barco.

Al principio yo no vi nada más que el horizonte marino, pero a lo lejos, casi sobre la línea del horizonte se divisaba una franja borrosa de cierta altura y de un color marrón distinto al verdoso del profundo mar.

Con ansiedad esperábamos mientras el barco, empujado por un viento constante, navegaba hacia la franja de tono color tierra que a cada momento tomaba una forma más clara.

Ahora se divisaban acantilados recortados en el horizonte y sobre ellos hayedos, en lo que parecía una gran superficie llena de bosques.

Al acercarnos más, el timonel decidió costear hacia la derecha en busca de algún lugar seguro donde fondear y desembarcar.

No tardamos en encontrar una bahía bastante resguardada del viento del norte y con una amplia zona arenosa.

Allí fondeamos y, sin prisas, como intuyendo que nuestro destino final estaba a nuestro alcance, fuimos abandonando el barco e instalándonos al final de la zona arenosa y muy cerca ya de los primeros árboles. Estos eran altos como nuestro mástil y de sus grandes quimas pendían unos frutos de gran tamaño.

El resto del día decidimos descansar y preparar nuestros planes para las próximas lunas.

Organizamos una profunda exploración del territorio por parejas con instrucciones concretas de buscar lugares en el territorio de verdes bosques, agua abundante y muchos frutales. Les dijimos: «Cueste las noches que cueste, pero aseguraos bien de todo ello».

A la vuelta de todas esas pesquisas el entusiasmo de sus descripciones nos levantó inmediatamente el ánimo a todos.

La tierra no tenía fin y el litoral no era muy accidentado. Había grandes superficies de bosques con árboles cuyo final la vista no alcanzaba a ver; todo ello en medio de una vegetación exuberante con muchos frutos que no conocíamos. Los bosques eran habitados por distintas clases de animales de no gran tamaño pero sí gran variedad. Todos coincidían en haber visto grandes montañas en la lejanía y suaves colinas en las proximidades. Unos hablaban de caudalosos ríos mientras otros afirmaban haber visto grandes lagos. Otros hablaban de un clima húmedo pero cálido.

El consenso fue rápido y completo: esa sería nuestra tierra.

Y así fue cómo, después de un largo viaje, la comunidad de duendes decidió establecerse e iniciar una nueva etapa. Por fin habían encontrado su sueño.

Habían conseguido el ansiado objetivo: encontrar una nueva tierra capaz de desarrollar y fortalecer el espíritu de la comunidad de los duendes.

Todo era alegría y satisfacción por el objetivo cumplido. Había sido una larga travesía, un costoso esfuerzo. Habíamos perdido a muchos de los nuestros; grandes habían sido la incertidumbre y los peligros marinos pero haber alcanzado nuestro objetivo fundamental lo compensaba todo y las penalidades pasadas pronto serían historia.

Todos estábamos plenos de optimismo y felicidad. La música volvió a la comunidad.

Todos menos yo... ¿Qué destino me esperaría? Mi piel de un tono azulado, que ya no podía disimular, me hacía diferente al resto.

Era el «bicho raro», solo comprendido por el Maestro Sabio. ¿Ser distinto en tu comunidad? Qué cosa tan tremenda.

¿Qué me pasaría mañana? ¿Cuál sería mi futuro? Sin duda tendría que dejar esa maravillosa tierra e iniciar una nueva aventura vital de la que lo desconocía todo.

Nadie lo preveía... pero yo intuía que algo ocurriría pronto.

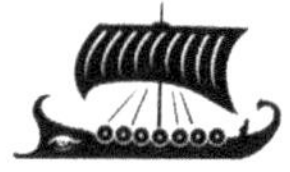

26. Voy a hablarte

Estos eran mis inquietos pensamientos durante estos primeros días, mientras el resto de la comunidad iniciaba los preparativos para su establecimiento definitivo en esa nueva tierra. Todos estábamos afanados en la elección del mejor asentamiento, una zona boscosa y bien resguardada con abundante agua.

Pero yo no participaba de esa febril actividad...

Mi mente estaba en otras cosas; me costaba descansar y sentía una tensión creciente originada por una simple pregunta, sin respuesta por el momento, que machacaba mi cabeza: ¿Cuál es mi misión?

Una mañana me hallaba sentado a la sombra de una amplia higuera, cuando el Maestro Sabio se me acercó en silencio y se sentó a mi lado.

No me miró pero supe que quería decirme algo importante. Así pues, esperé.

Y, efectivamente, al rato empezó:

–Te voy a hablar, no como a un discípulo, sino como le hablaría un padre a su hijo. Ahora mismo no aprecias esa diferencia pero cuando vivas en el otro mundo y veas de cerca la vida humana, entenderás plenamente el significado de lo que te digo ahora.

»Pronto nos separaremos –añadió con un amplio gesto de sus manos–: tú partirás al mundo humano a vivir tu vida y... yo también partiré.

»Se te ha asignado un tiempo para desarrollar una misión en la tierra humana. Cada ser humano nace con un objetivo: cumplir una misión, sea esta grande o pequeña.

»El impacto de la misma puede ser amplio o cercano, su duración larga o tan solo un instante, pero cumplir esa tarea da el sentido pleno y la felicidad en la vida. El ser humano se siente feliz cuando siente que ha cumplido esa tarea, que solo él puede llevar a cabo.

»Así pues, esfuérzate en buscar e identificar cuál es tu misión en la vida y dedica tu tiempo a ello, a cumplir tu tarea. Esto te hará feliz, a ti y a muchos otros.

»No olvides que la felicidad de los que te rodean depende de ti; de cómo eres tú y de cómo actúas con ellos.

Luego entre nosotros sobrevino un silencio solo despejado por los lejanos gritos y el canturreo de algunas aves.

–Y ¿qué he de hacer para identificar mi tarea? –pregunté una vez más, quizás tan solo para romper el silencio.

—No te preocupes por ello —me respondió el Maestro—, si te mantienes alejado del egoísmo propio y conservas un corazón abierto, la tarea te buscará a ti.

Y antes de alejarse repitió:

—Te buscará a ti.

27. Y ¿qué harás?

Mientras en la comunidad continuaban los trabajos, yo vivía pensando en el significado de mi última conversación con el Maestro.

Pero esa conversación no debía estar completa porque tres días después se me acercó de nuevo y pareció continuar la charla como si no la hubiera interrumpido, con cierta brusquedad.

–Para tener éxito en tu tarea –prosiguió el Maestro–, te recuerdo que debes guiarte en todo momento por tus principios y valores, los que he tratado de inculcarte a lo largo de este viaje, pues el ser que los abandona se queda desnudo, sin protección, sin nada que dirija su actuación, como un barco sin dirección en su navegar. Los principios y los valores te mantendrán siempre vivo ante cualquier eventualidad.

»Déjame que te entregue tres consejos para que tu vida terrenal sea más fácil y fructífera.

»El ser humano tiende al egoísmo (sitúan su yo por delante de todo lo demás) pero eso es un círculo de suma cero. El ser humano, que ya nace acompañado, nunca vive solo, es un ser social, como los animales; por eso el egoísmo es la negación del propio ser humano.

»Tú debes vivir con el corazón abierto a las necesidades de los que te rodean.

»Te enfrentarás a muchos dilemas en tu nueva vida, pero no olvides esto: siempre existe un modo humano de enfrentarte a los problemas, por difíciles que estos sean; actúa siempre con humanidad. El comportarse de modo inhumano no tiene justificación alguna. La persona que actúa inhumanamente pierde su razón de ser, y se convierte en nada, en un ser sin alma, despiadado, que se aparta voluntariamente del grupo humano.

»La naturaleza y el hombre son un equipo que llamamos mundo. La naturaleza es el hábitat del hombre y sin ella el hombre dejaría de existir. Son por tanto elementos inseparables. Recuerda: la naturaleza es parte de tu propio ser.

»No es verdad que los recursos naturales sean ilimitados y estén siempre disponibles, por lo que respetar los ciclos biológicos y sostener el capital natural debe ser la primera prioridad.

»Se deben satisfacer las necesidades de la generación de hoy sin comprometer la capacidad de las generaciones futuras para satisfacer sus propias necesidades. No debemos vivir a costa de nuestros nietos. Utiliza los recursos inteligentemente, pensando siempre en el mañana.

»Estos consejos te guiarán en tu nueva vida; te ayudarán a cumplir tu misión en la Tierra, sea esta la que sea. Aprovecha tu tiempo, puesto que será limitado. Gobierna el tiempo o él te gobernará a ti.

Al observar que mi rostro le interrogaba, suspiró diciendo:

–Tendrás que descubrir tu misión por ti mismo: identifícala y llévala adelante.

»Identificarla será pues tu primer objetivo.

Desde ese momento fui consciente de que el Maestro Sabio consideraba terminada su tarea conmigo.

En días sucesivos observé en silencio cómo se organizaba para su último viaje.

Ya no preparaba los libros y los viejos manuscritos que siempre lo habían acompañado sino que en esta ocasión los guardó con esmero en lugar seguro.

Algún cercano día yo también depositaría allí mismo el Libro Valioso y así quedaría constancia para futuras generaciones de este extraordinario viaje de los duendes en busca de su nuevo mundo.

28. Cuando los caminos se separan

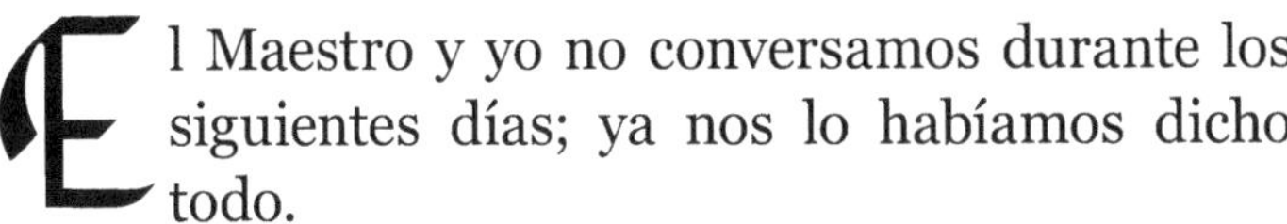

El Maestro y yo no conversamos durante los siguientes días; ya nos lo habíamos dicho todo.

Yo seguía preguntándome cómo podría identificar mi misión.

Una tarde comencé a repasar mentalmente los últimos acontecimientos y con desgana empecé a releer el Libro Valioso y... como cuando el relámpago abre la noche lo sentí; el sentido del viaje fue claro y transparente para mí. Allí estaba todo. Releí:

«Si tu vida tiene un final, el tiempo del que dispones es lo más valioso que atesoras».

«Si tú gobiernas el tiempo, gobiernas tu vida. Aquello a lo que dedicas tu tiempo es a lo que dedicas tu vida».

El Maestro siempre me había dirigido hacia mi misión.

Y al instante lo sentí en mi corazón; lo entendí y lo acepté.

Enseñar la gobernación del tiempo era mi misión con los seres humanos.

Enseñar a los hombres a apreciar lo más valioso que tienen: su tiempo. Que comprendan que si gobiernan el tiempo, gobiernan su vida, y de este modo conseguirán ser lo que desean ser en lo profundo de su espíritu. Por eso la gobernación del tiempo es tan importante. Porque aquello a lo que dedicas tu tiempo es a lo que realmente dedicas tu vida. «Esa será mi tarea en el mundo humano», me repetí en voz alta.

Corrí a decírselo al Maestro.

—Maestro Sabio, ya he identificado mi misión... —y hablé y hablé sin parar.

No se sorprendió, simplemente me pareció que se reafirmaba en algo que ya conocía pero que necesitaba escuchar de mi propia voz.

No teníamos ya nada más que decirnos; me abrazó y musitó en mis oídos dos dulces palabras, que recordaré siempre.

—Querido hijo —sus ojos húmedos parecían aún más verdes y añadió—, siempre estarás en mi corazón.

Y cuando se iba, casi desapareciendo de mi vista se volvió y gritó:

—Adiós, adiós —y agitó su mano.

Epílogo

Y al poco tiempo sucedió: mi propio viaje dio comienzo. Noté un cambio interior que me dirigía hacia donde no sabía...

Me sentí arrastrado por columnas luminosas que ascendían y me alejaban en el infinito cielo. Los vientos solares me empujaron a la dimensión espacio-tiempo, esa dimensión en la que las cosas más extraordinarias suceden con frecuencia.

Sin embargo mi preocupación era mucho más cercana. ¿Dónde acabaría? ¿Cómo sería esa tierra humana y, sobre todo, cómo serían los humanos? ¿Qué forma tendrían? Y ¿cómo serían sus sentimientos? Había dejado el mundo feliz de los duendes, un mundo pleno, no por mi propia decisión y ahora me enfrentaba a un mundo extraño y que me era desconocido.

Me tranquilicé pensando que el Maestro Sabio me había dado instrucciones precisas y que con su vasta sabiduría (estaba seguro) serían las correctas para asegurar el éxito de mi misión.

Ahora tenía muchas respuestas a preguntas del pasado. Sabía por ejemplo que el Maestro me había ido preparando para el futuro venidero a través del Libro Valioso.

Un nuevo pensamiento me vino a la cabeza: ¿habría sido yo el motivo del inicio de ese viaje? Nunca lo sabría.

Recordé en mi mente todo lo aprendido en nuestro largo peregrinar, toda la maleta de experiencias y sentimientos que llevaba conmigo y que habían sido plasmados en el Libro Valioso desde el inicio, cuando escribí:

«Si no tienes objetivos fundamentales, no puedes tener una vida plena».

Y luego, rápidamente, en mi mente afloró todo lo demás.

La tristeza, cuando la mayoría de nosotros prefirió volver al pasado, al bosque, en busca de una salvación que no fue tal.

Volver al pasado parece un camino seguro y fácil porque es algo conocido, pero el pasado, que siempre idealizamos, nunca vuelve en la forma deseada.

¡Y qué consecuencias tuvo para nosotros! La desaparición en el profundo mar junto con la tierra que tanto habíamos amado.

La soledad y la incertidumbre, tantas veces experimentadas en la búsqueda de la nueva tierra.

Y cómo no mencionar la gran sorpresa del descubrimiento del fin de nuestra inmortalidad y sus consecuencias así como la negación de esta nueva dimensión del tiempo por los duendes amarillos.

No lo aceptaron y no fueron conscientes de que cuando tu vida tiene un final, el tiempo del que dispones es lo más valioso que atesoras. Por ello, cuando tú gobiernas el tiempo, gobiernas tu vida y la puedes dirigir a tu deseado puerto.

Los duendes amarillos no gestionan su tiempo ni su vida, sino que se dejan llevar por él, improvisando ante las circunstancias. Para ellos la impuntualidad no es más que «una insignificancia», aunque en realidad es un signo de su mala gobernación del tiempo y algo que descabala cualquier plan y prioridad.

Ahora sé —como nos decía el Maestro—, que el tiempo no es un amigo franco y leal que te avisa, sino que cuando lo pierdes, cuando pierdes tú tiempo, este no se queja ni te dice nada, pero estás malgastando tu vida aunque tú no te des cuenta.

De ahí la importancia de tener claras prioridades en la vida, ya que aquello a lo que le dedicas tu tiempo es a lo realmente dedicas tu vida.

Recordé la máxima en la que el Maestro nos había insistido tanto:

«Soy realmente aquello a lo que dedico mi tiempo».

Para los duendes amarillos existe una gran diferencia entre lo que quieren ser y lo que realmente son.

El Maestro nos explicaba una y otra vez cómo las personas desean ser de un modo y les gustaría ser recordados de acuerdo a ello, pero la realidad es que son aquello a lo que dedicaron realmente su actividad y su tiempo; por eso a pocos les gustaría ser recordados por lo que realmente han sido.

Y nos insistía en aprovechar bien el tiempo, lo que significa simplemente hacer las cosas que te acercan a lo que quieres ser. Aprovechar el tiempo significa vivir haciendo las cosas que te gustaría que dijeran de ti el día que se acabe tu tiempo.

¿Es esta gobernación del tiempo una tarea difícil? No.

Es sencilla si adquieres los principios y los hábitos correctos. Pero ten en cuenta que «nunca conseguirás aquello en lo que no creas». Si no valoras la gobernación del tiempo nunca serás bueno en ello.

Todo esto bullía en mi cabeza cuando era arrastrado por una fuerza superior, atravesando cielos y rayos luminosos... Luego, no sentí nada.

Cuando me encontré descendiendo pude ver las maravillas y las miserias del mundo humano.

Sus montañas peladas o nevadas y sus frondosos bosques, sus campos de flores, los profundos mares de color azul turquesa, sus ríos acaudalados y largos, terminando en múltiples meandros.

Y luego... la otra realidad. Las zonas devastadas de la Tierra, la aglomeración de los humanos, su falta de sensibilidad por el mundo natural que les rodea, el desperdicio que crece en las montañas de basura, la destrucción del capital natural, los grupos de gente desnutrida y apartada de la sociedad sin esperanza alguna.

Sentí, pude palpar su egoísmo y el sufrimiento que todo ello generaba.

¿Cómo era posible esa dualidad, que en nuestro mundo no existía? ¿Sería este un mundo feliz? ¿A qué tendría que enfrentarme en ese mundo? ¿Podría yo solo revertir esa situación? ¿Quién me ayudaría colaborando conmigo en mi tarea?

Y di el paso final hacia ese mundo.

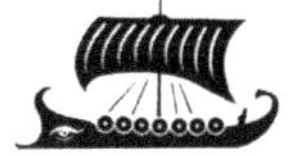

¿Fin o inicio?

Hasta aquí, la historia de los duendes azules y amarillos. Este es el fin de su historia, aunque también puede ser el inicio de tu propia historia.

Qué tragedia personal debe ser saber que poseías todo el tiempo que nos da la vida y descubrir que tú estabas mirando para otro lado mientras tu tiempo pasaba, que se te ha escapado como el agua entre las manos y no dejas tras de ti nada de valor.

Qué tristeza descubrir que tu tiempo se termina y que tú has estado ocupado en cosas que no construían felicidad a tu alrededor.

En tu propia vida, ¿tú qué eres? ¿un duende azul o uno amarillo?

Recuerda: tu tiempo es el mayor activo que tienes en tu vida.

El duende amarillo es la persona que no es consciente de en qué utiliza su tiempo; simplemente lo usa de un modo que no está dirigido por sus prioridades fundamentales.

Desea ser una cosa en su mente pero no actúa de acuerdo a ello sino de modo distinto, según otras prioridades no fundamentales en su vida; hay una disociación entre lo que le gustaría ser y aquello a lo que dedica su tiempo, aunque será recordado por lo que hizo y no por lo que solo vivió en su mente.

Al no gobernar su tiempo no gobierna su vida, que es dirigida por las urgencias y las necesidades de otros.

Gobernar el tiempo no es un arte ni requiere de una preparación excepcional. Es algo tan sencillo como tener claras tus prioridades y dedicarte a ellas, mantener tiempo para ellas.

Para llevarlo a la práctica solo tienes que desarrollar unos buenos principios y hábitos y te encontrarás sin ningún esfuerzo con una vida más plena y equilibrada. No se es más feliz por no gestionar el tiempo; al contrario, el no hacerlo eleva la tensión emocional y aumenta el estrés vital. En realidad la mala gestión del tiempo es una de las mayores causas del estrés que sufrimos las personas.

El duende azul tiene un claro propósito en su vida, una misión, un propósito que traduce en establecer prioridades fundamentales, que es capaz de mantener ante las dificultades de la vida.

Esto le permite mantener la vista puesta siempre en el largo plazo, aunque mantenga la otra mirada en el corto plazo.

Las prioridades en su vida las tiene claras y siempre actualizadas y, como si fueran un racimo de uvas, de ellas extrae sus metas y objetivos a corto plazo.

Por supuesto hay grandes propósitos, que son como el faro que guía a los navegantes en la tormenta, y que pueden ser casi permanentes en la vida, pero muchos de los objetivos son flexibles y cambiantes, es decir, adaptados al discurrir de la propia existencia.

El duende azul sigue su «vocación» personal a lo largo de su vida y organiza la gobernación de su tiempo respetando esa prioridad.

Es un ser transformador de aquello que está a su alrededor porque transmite pasión y lucha por su propósito, y eso es contagioso.

¿Cuál es tu color prioritario en la vida? La decisión es tuya.

¿Eres un ser transformador de tu entorno? Ya que, como hemos aprendido en esta historia de duendes, el tiempo tiene color: puede ser amarillo o azul y tú eres el pintor.

La decisión pues es tuya. ¿Eres un duende amarillo o azul?

Tú, solo tú, tienes las respuestas.

Verano de 2018, a la sombra del Monasterio de San Lorenzo de El Escorial

Miguel Fernández-Rañada

Licenciado en Ciencias Económicas y Empresariales por la Universidad Complutense de Madrid. Máster en Control Financiero y Presupuestario por el Instituto de Empresa. Estudios de postgrado en la Universidad de Stanford-USA, en el IMD de Suiza y en Euroforum/Insead.

Ha ocupado puestos directivos durante más de veinte años en los sectores de consumo, industrial y de telecomunicaciones en compañías como 3M, AT&T, Lucent Technologies y Tecnocom. También ha sido presidente del Centro Español de Logística (CEL), miembro del Consejo Asesor de Euroforum-INSEAD y consejero en Amper y grupo Calcinor.

Desde 2004 es *coach*, formador de directivos y consultor. Desde 2007 es miembro del International Advisory Council de Harvard Business Review.

KOLIMA
BOOKS

www.ingramcontent.com/pod-product-compliance
Ingram Content Group UK Ltd.
Pitfield, Milton Keynes, MK11 3LW, UK
UKHW021658190726
13853UKWH00001B/329